PARA ENTENDER O
ESTOICISMO

Matthew J. Van Natta

PARA ENTENDER O ESTOICISMO

A Arte do Bem Viver da Filosofia Estoica para Encontrar
Resiliência Emocional e Positividade

Tradução
Mário Molina

Editora Cultrix
SÃO PAULO

Título original: *The Beginner's Guide to Stoicism*.
Copyright © 2019 Callisto Media, Inc.
Publicado pela primeira vez em Inglês por Althea Press, um selo da Callisto Media, Inc.
Copyright da edição brasileira © 2021 Editora Pensamento-Cultrix Ltda.
1ª edição 2021./2ª reimpressão 2025.

Todos os direitos reservados. Nenhuma parte desta obra pode ser reproduzida ou usada de qualquer forma ou por qualquer meio, eletrônico ou mecânico, inclusive fotocópias, gravações ou sistema de armazenamento em banco de dados, sem permissão por escrito, exceto nos casos de trechos curtos citados em resenhas críticas ou artigos de revistas.

A Editora Cultrix não se responsabiliza por eventuais mudanças ocorridas nos endereços convencionais ou eletrônicos citados neste livro.

Fotos internas © iStock/ONYXprj, pp. 5, 7, 17, 61, 63, 117, 185, 202.

Foto do autor cortesia de © Christy Radonich Van Natta.

Editor: Adilson Silva Ramachandra
Gerente editorial: Roseli de S. Ferraz
Preparação de originais: Danilo Di Giorgi
Gerente de produção editorial: Indiara Faria Kayo
Editoração Eletrônica: S2 Books
Revisão: Erika Alonso

Dados Internacionais de Catalogação na Publicação (CIP)
(Câmara Brasileira do Livro, SP, Brasil)

Natta, Matthew J. Van
  Para entender o estoicismo : a arte do bem viver da filosofia estoica para encontrar : resiliência emocional e positividade / Matthew J. Van Natta ; tradução Mário Molina. -- 1. ed. -- São Paulo, SP : Editora Cultrix, 2021.

  Título original: The beginner's guide to Stoicism.
  ISBN 978-65-5736-122-1

  1. Estóicos 2. Inteligência emocional 3. Resiliência (Traço de personalidade) I. Título.

21-76898 CDD-188

Índices para catálogo sistemático:
1. Filosofia estóica 188
Eliete Marques da Silva - Bibliotecária - CRB-8/9380

Direitos de tradução para a língua portuguesa adquiridos com exclusividade
pela EDITORA PENSAMENTO-CULTRIX LTDA., que se reserva a
propriedade literária desta tradução.
Rua Dr. Mário Vicente, 368 — 04270-000 — São Paulo, SP — Fone: (11) 2066-9000
http://www.editorapensamento.com.br
E-mail: atendimento@editorapensamento.com.br
Foi feito o depósito legal.

Obrigado, Christy, por seu amor, encorajamento
e por ter mais paciência do que alguém poderia merecer.
Obrigado, Freyja, por abraços, músicas e encantamento.
E um obrigado à comunidade estoica,
pelos anos de ponderação e apoio.

SUMÁRIO

INTRODUÇÃO	11
PARTE I - FUNDAMENTOS	17
CAPÍTULO 1 - Uma Filosofia Prática	19
CAPÍTULO 2 - Uma Rápida Viagem pela História	43
PARTE II - SEU NOVO *KIT* DE FERRAMENTAS EMOCIONAIS	63
CAPÍTULO 3 - Pensando como um Estoico	65
CAPÍTULO 4 - Agindo como um Estoico	93
PARTE III - ESTOICISMO PARA A VIDA	117
CAPÍTULO 5 - Cultivando Positividade	119
CAPÍTULO 6 - Praticando a Resiliência Emocional	141
CAPÍTULO 7 - Estando a Serviço	165
CAPÍTULO 8 - Continuando sua Jornada	187
RECURSOS	203
REFERÊNCIAS	206
ÍNDICE	207
AGRADECIMENTOS	212
RESPOSTAS	214

INTRODUÇÃO

Dez anos atrás, descobri o estoicismo e nunca mais deixei de praticá-lo. O modo estoico de pensar tem remodelado minha vida e me proporcionado resiliência emocional, uma visão positiva e o desejo de mudar minha comunidade para melhor. Conquistei isso tudo após praticar por muitos anos. Aprendi a desenvolver habilidades estoicas lendo diversos livros, participando de uma comunidade *on-line* e por meio de um processo de tentativa e erro. Minha expectativa é que este guia ajude você a avançar em um ritmo mais rápido que o meu, abrindo um caminho seguro para sua viagem.

Sofri com um transtorno de ansiedade desde o final da minha adolescência. O problema não foi tratado durante muitos anos, o que prejudicou meus relacionamentos e minha vida profissional. Com trinta e poucos anos, porém, busquei ajuda profissional e aprendi diversas práticas de Terapia Cognitivo-Comportamental (TCC) que surtiram efeito e se tornaram ferramentas de uso constante em minha vida mental. Em princípio, o estoicismo atraiu-me por conta das muitas semelhanças entre a visão estoica e a terapia que praticava. Mais tarde, fiquei sabendo que havia uma conexão histórica entre eles. A diferença era que a TCC ajudava a acalmar meus pensamentos, enquanto o estoicismo lhes dava direção. O estoicismo ajudou-me a definir quem eu queria ser e me deu os meios para me tornar essa pessoa. O processo é permanente, recompensador e vale a pena ser compartilhado.

O estoicismo diz que é possível prosperar na vida, independentemente das circunstâncias. Com este guia, você aprenderá a se concentrar nas coisas que *pode* controlar, de forma que as suas ações sejam realmente produtivas e para que você não perca seu tempo com coisas que não tem o poder de mudar. Você se tornará mais aberto e receptivo aos outros e terá, ao mesmo tempo, coragem para se defender e para defender aquilo em que acredita. Sua vida emocional melhorará na medida em que você cultivar o pensamento positivo [a *positividade*] e superar o pensamento negativo. Você vai se identificar com o que seu caráter tem de melhor e aprender a viver uma vida de harmonia.

Tenho atuado durante a maior parte de minha vida adulta como instrutor e, quando abracei o estoicismo, achei natural compartilhar o que estava aprendendo. Comecei com meu *blog*, *Immoderate Stoic* [Estoico Radical]. Mais tarde criei um *podcast*, *Good Fortune* [Sorte], em homenagem a uma das citações de Marco Aurélio que mais aprecio: "Esta é a regra a ser lembrada no futuro, quando algo levar você a ficar amargo: não diga 'que azar', mas sim 'que sorte ser capaz de enfrentar tudo isso com garra'". Tanto o *blog* quanto o *podcast* foram bem recebidos pela comunidade estoica e seguem ajudando aqueles que querem levar uma vida equilibrada. Meu ensinamento foca na prática. Como o estoicismo pode ajudá-lo aqui e agora?

Este guia funciona da mesma forma. Você não precisa conhecer filosofia para se beneficiar do que é ensinado aqui. Na época em que o estoicismo se desenvolveu, a filosofia ajudou as pessoas a terem vidas significativas. Os mestres estoicos forneceram uma base ética para a ação em um mundo confuso e cheio de desafios. O estoicismo nos ajuda a fazer o que temos de fazer. Você vai aprender a assumir o controle de sua vida mental e emocional. Cultivará as habilidades necessárias para dirigir suas ações de forma positiva, ajudando a você e a todos com quem você interage. Se está interessado em obter ferramentas para sustentar sua felicidade durante todos os altos e os baixos da vida, você chegou ao lugar certo.

O estoicismo nos treina para uma nova maneira de pensar. Vou orientá-lo, passo a passo, durante todo esse processo. Cada capítulo tomará por base o capítulo anterior, permitindo que você ganhe uma base sólida antes de receber novas informações. Os capítulos também contarão com lições práticas. Você vai obter ferramentas mentais que serão úteis desde o início e, à medida que continuarmos, o uso delas se tornará ainda mais evidente e convincente.

A *Parte I*: Fundamentos oferece uma visão geral do estoicismo como filosofia e investiga sua história. Vai nos dar o contexto necessário para entendermos o objetivo do ensino estoico. A estrutura do estoicismo começará a ficar clara.

A *Parte II*: Seu Novo *Kit* de Ferramentas Emocionais lança as bases do pensamento e da prática estoicos. Você vai aprender a usar as três disciplinas estoicas. Examinaremos a virtude, a concepção estoica da excelência pessoal, para que nossa prática tenha um foco claro. Também aprenderemos a diferenciar as coisas que podemos controlar daquelas que não podemos, uma lição fundamental para revelar a verdadeira força do estoicismo.

A *Parte III*: Estoicismo para a Vida vai aplicar esta nova base filosófica no seu dia a dia. Você aprenderá a cultivar emoções positivas e liquidar as negativas. O estoicismo vai torná-lo mais autossuficiente, procurando, ao mesmo tempo, motivá-lo a buscar relacionamentos saudáveis com outras pessoas. Você também ganhará coragem para contribuir para a melhoria do mundo.

É hora de começar a aprender! Primeiro, aprenderemos o que é estoicismo – e o que ele definitivamente *não é*. Aprenderemos um pouco sobre suas raízes e como ele mudou com o tempo. Também seremos apresentados às ferramentas básicas da filosofia, que nos ajudarão a cultivar uma mente mais saudável e a viver uma vida mais gratificante.

PARTE I

FUNDAMENTOS

CAPÍTULO 1
Uma Filosofia Prática

"Pare de falar sobre como uma boa pessoa deve ser e seja uma delas."

– Marco Aurélio, *Meditações* 10:16

Como podemos prosperar na vida? Este livro trata dessa questão. Aqui você encontrará uma série de ferramentas mentais, atitudes diárias e práticas guiadas, entre outras ferramentas que podem ser usadas para ajudá-lo a ser sempre mais produtivo, seja qual for a situação, para o seu próprio bem e para o benefício de todos ao seu redor. A filosofia por trás dessas práticas, o estoicismo, tem ajudado um número cada vez maior de pessoas a superar obstáculos mentais, a serem destemidas diante dos obstáculos da vida e a alcançar uma satisfação duradoura. Em minha própria vida, o estoicismo tem me prestado grandes e pequenas ajudas, como permitir que eu administre um transtorno de ansiedade permanente e manter minha paz durante o tempo em que enfrento, diariamente, um trânsito complicado. Também tenho observado como essa filosofia mudou a vida de muita gente para melhor. Sei que o estoicismo pode ajudá-lo a encontrar meios para crescer neste mundo e compartilho com entusiasmo o conhecimento que tenho sobre o tema.

O Que é o Estoicismo?

Filosofia prática construída sobre a crença de que todas as pessoas podem ter uma vida próspera, o estoicismo sustenta que é possível alcançar uma vida bem-sucedida agora, independentemente das circunstâncias externas. Precisamos, no entanto, estar dispostos a um esforço para cultivar a mente saudável. O estoicismo nos ensina a focar nossos pensamentos e ações naquilo que podemos controlar. Ao fazer isso, desenvolvemos uma perspectiva mental saudável. O estoicismo nos instiga a avaliar o que queremos e o que gostaríamos de evitar. Ele nos ensina a redirecionar nossa atenção para desejos saudáveis e, quando fazemos isso, descobrimos que as emoções positivas emergem de forma mais consistente. Ganhamos resiliência, a flexibilidade emocional que nos ajuda a superar obstáculos que se interpõem entre nós e a nossa felicidade.

Acima de tudo, o estoicismo visa tornar a pessoa hábil para viver a vida. Chamamos esta perícia frente a vida de *virtude*. A filosofia estoica nos treina em virtude: esculpe nosso caráter moral como pessoas contentes, resilientes e capazes de agir de forma a fazer do mundo um lugar melhor.

MITOS E EQUÍVOCOS

Mesmo que você nunca tenha ouvido falar da filosofia do estoicismo, é provável que já tenha se deparado com a palavra *estoico* em algum momento da sua vida. Nas línguas modernas, o termo é usado para descrever o indivíduo que mantém pleno controle diante da adversidade. Embora isso muitas vezes seja algo admirável, ser "estoico" tem o potencial de acabar prejudicando a saúde. Se nos limitamos a reprimir as emoções, contendo nossa agitação interior sem lidar de verdade com nossos problemas interiores, o resultado pode ser devastador. A filosofia do estoicismo não é isso. Já os antigos estoicos tiveram de lidar com essa descaracterização de sua filosofia; os que a criticavam viam-na como algo glacial. Ainda que os estoicos insistissem na ideia de que ninguém deveria ter como objetivo transformar-se numa estátua insensível. Desenvolver uma vida virtuosa leva, na verdade, a uma riqueza emocional, uma riqueza que nos ensina a lidar com nossas emoções – cultivando o positivo e superando com rapidez o negativo.

Outro equívoco diz respeito à passividade. O estoicismo prega a possibilidade de prosperar seja qual for a situação e ensina a aceitação do mundo como ele é, o que pode ser mal interpretado como apatia. "Por que mudar", dizem alguns, "se podemos ser felizes mesmo durante as piores tempestades da vida?".

Pode parecer paradoxal, mas a aceitação estoica, na realidade, nos dá a força necessária para superar os desafios. A passividade tem origem com mais frequência no medo que na aceitação. Quando uma pessoa rude faz exigências de forma agressiva, quantas vezes você cede, preocupado com a possibilidade de que tentar se defender tornaria as coisas ainda piores? O estoico aceita o fato de que a pessoa na frente dele está sendo hostil, mas é capaz de escolher a forma como vai responder a ela. Se as exigências da pessoa com uma atitude hostil são injustas, o estoico vai trabalhar pela justiça. O estoicismo nos ensina a ter uma clareza de visão que nos permite fazer as melhores escolhas possíveis.

Conforme você aprende a confiar em sua capacidade de enfrentar os desafios, a inação e a indecisão deixam de ser obstáculos. Quando concentramos nossa atenção no que podemos controlar, nossas ações se tornam bem direcionadas e eficientes.

Antes de examinarmos mais a fundo as ferramentas oferecidas pelo estoicismo, vamos dar uma rápida olhada nas origens dessas ideias.

ORIGENS

O estoicismo começou na Grécia Antiga, no ano 300 aec, floresceu durante 500 anos, mas depois quase desapareceu, com registros ocasionais até seu ressurgimento, algo bastante recente, do qual agora fazemos parte. O fundador da filosofia foi Zenão de Cítio, um comerciante que perdeu tudo em um naufrágio. Após essa perda, ele se voltou para a filosofia, tentando reconstruir sua vida. Zenão passou a acreditar que todas as pessoas nasciam para ter um "bom fluxo de vida", que consistia em serenidade pessoal e em uma existência em alegre harmonia com suas comunidades. Para que sua mensagem chegasse às pessoas, Zenão dava aulas públicas, ao ar livre. Ele e seus alunos se encontravam em uma *stoa*, um tipo de passagem coberta comum na época. A escola ficou conhecida como a *Stoa*, que foi de onde veio o nome estoicismo.

À medida que o tempo passou, o estoicismo acabou indo parar no Império Romano, ou melhor, o Império Romano acabou indo parar na Grécia. E é com os estoicos romanos que vamos passar boa parte do nosso tempo, porque as obras dos estoicos gregos estão perdidas quase que por completo. Sabemos que eles escreveram milhares de livros, mas apenas algumas páginas desses escritos chegaram até nós. Dos estoicos romanos, as obras de três homens em particular permaneceram relativamente intactas, salvando a sabedoria de sua filosofia da extinção:

- **Epicteto (50-135 EC), um professor estoico, que começou a vida como escravo e nos deixou o mais completo modelo dos ensinamentos da filosofia.**

- **O senador romano Sêneca (4 AEC – 65 EC), que nos traz percepções reveladoras.**

- **Marco Aurélio (121-180 EC), que, embora imperador de Roma, será o nosso principal companheiro de jornada. Temos acesso a seu diário filosófico, o que nos permite acessar as reflexões mais pessoais de um estoico praticante.**

> **AEC e EC**
> AEC (Antes da Era Comum) e EC (Era Comum) serão usados neste livro sempre que entrar alguma data. Essa é a convenção aceita na maioria das disciplinas acadêmicas. Se você está acostumado às notações a.C./d.C não há problema: Antes da Era Comum substitui com exatidão a.C. e Era Comum é o mesmo que d.C.

ESTOICISMO MODERNO

> *"Eu não me vinculo a um mestre estoico em particular. Tenho também o direito de formar uma opinião."*
>
> – Sêneca, *Sobre a Vida Feliz*

O estoicismo moderno se concentra de forma bastante marcante na questão da ética. Os antigos estoicos, no entanto, dividiam sua instrução em três grandes tópicos: física, lógica e ética. Embora seja intelectualmente proveitoso conhecer as reflexões estoicas sobre física e lógica, a maioria dos estoicos querem chegar à parte em que o estoicismo os ajuda a prosperar. A abordagem estoica sobre a forma como o ser humano vive é o que captura nossa atenção.

A Terapia Cognitivo-Comportamental (TCC), uma prática terapêutica moderna, foi influenciada pelos escritos estoicos, e grande parte da abordagem da vida emocional realizada pela TCC e muitas de suas práticas se alinham com o estoicismo. A TCC ajuda as pessoas a pensar de um modo mais saudável, mas não oferece um mapa com o caminho para se alcançar uma vida próspera. A filosofia estoica usa práticas mentais semelhantes, mas as combina com um conjunto de valores que podem nos guiar em direção ao que há de melhor em nós. É essa associação entre clareza mental e senso de objetivo que tem atraído muita gente para o estoicismo.

O estoicismo moderno também encara de modo diferente nossa relação com o Universo. Muitos estoicos antigos eram panteístas piedosos que percebiam o Universo como um deus benevolente conhecido como Zeus. A prática moderna adota um ponto de vista mais secular. Se você não é religioso, o estoicismo conserva toda a sua utilidade. Se você é religioso e optou por adotar o estoicismo, a filosofia engrena melhor se sua teologia for deixada para trás.

SOBRE OS PANTEÍSTAS

As pessoas muitas vezes se referem aos antigos estoicos como panteístas. Isso é um tanto anacrônico, pois o panteísmo é uma concepção moderna – o próprio termo só surgiu em 1697 EC. Dito isso, a teologia estoica sem dúvida se encaixa na definição panteísta ao acreditar que Deus é o Universo ou que o Universo é uma manifestação de Deus.

A maioria dos primeiros estoicos acreditavam que todo o Universo estava interconectado como um mesmo ser, um único organismo que chamavam de Zeus, sinônimo de Natureza e Razão. O historiador romano Diógenes Laércio nos conta: "[Os estoicos] também dizem que Deus é um ser animal imortal, racional, perfeito em felicidade, imune a todo mal, cuidando de forma providencial do mundo e de tudo que está no mundo, embora não tenha forma humana. É o criador do Universo e, por assim dizer, o Pai de todas as coisas tomadas em conjunto, sendo que uma parte dele permeia todas as coisas, chamadas por diferentes nomes conforme os poderes que têm...".

A prática estoica é mais personalizada nos tempos modernos do que era no passado. É improvável que você venha a viver em uma escola estoica, como acontecia com os alunos de Epicteto. Isso não significa que a prática precise ser solitária. Há vibrantes comunidades *on-line* dedicadas ao estoicismo e um número cada vez maior de grupos em todo o mundo que se reúnem para discutir a filosofia. Há inclusive congressos sobre a prática do estoicismo. Uma visita ao *site* modernstoicism.com oferece informações sobre o *Stoicon*, um encontro anual aberto tanto para praticantes quanto para pessoas interessadas em conhecer a filosofia. O *Stoicon* coincide com a *Stoic Week* [Semana Estoica], um evento dedicado a promover o bem-estar humano através da filosofia estoica. Meu objetivo com este livro é oferecer uma base sólida para que você possa se desenvolver por conta própria, mas há todo um mundo em crescimento esperando por sua participação.

O estoicismo está disponível para todos: prega que todos os seres humanos formam uma família e que cada um de nós é digno de um afetuoso respeito. O estoicismo proclama que todas as pessoas são capazes de experimentar uma vida de sabedoria. Mesmo em tempos antigos, essa filosofia alcançou uma diversificada gama de pessoas. Como já mencionei, o mestre estoico Epicteto começou a vida como escravo, enquanto o praticante Marco Aurélio liderou um império; desde sua origem, o estoicismo foi inclusivo. Embora tenha se desenvolvido em sociedades que eram bastante patriarcais, os escritos estoicos defendem com clareza que as mulheres são intelectualmente iguais aos homens e que merecem ter acesso a uma formação em filosofia.

Mesmo assim, encontramos principalmente homens entre os antigos estoicos – geralmente homens abastados – que às vezes estavam encerrados nos limites do pensamento de sua época. Felizmente não estamos amarrados pelos costumes gregos e romanos. Nossa comunidade atual vive de acordo com o que há de melhor no pensamento estoico e conta com uma população diversa, dinâmica e crescente.

REFLEXÃO

Quando você estiver pronto para dar início a alguma tarefa, pare por um minuto e reflita sobre qual é a natureza da tarefa que será realizada. Se estiver saindo de casa para um banho público, pense no que acontece em um banho público – lembre-se daqueles que espirram água em você, dos que lhe dão empurrões, dos que o tratam mal e dos que o roubam. Você levará a cabo sua tarefa com mais segurança se, antes de começá-la, disser a si mesmo: "Quero tomar um banho e, ao mesmo tempo, quero manter meu propósito moral em harmonia com a natureza". E aja desse modo com todas as suas tarefas. Pois se algo vier a incomodá-lo no banho, você estará pronto para dizer: "Oh, bem, esta não era a única coisa que eu queria, mas eu também queria manter meu propósito moral em harmonia com a natureza; e não serei capaz de fazer isso se eu ficar irritado com o que está acontecendo".

— Epicteto, *Enchiridion* 4

Uma contínua prática estoica reformula seu caráter moral. O foco fundamental do estoicismo envolve esse caráter – que é o que você tem de melhor – porque está inteiramente dentro de seu controle. Da próxima vez que fizer alguma coisa, não se esqueça: "Quero cumprir esta tarefa e, ao mesmo tempo, quero proteger minha harmonia".

Pergunte a si mesmo:

- Na tarefa que tenho pela frente, quais são os desafios que poderiam surgir?

- **Ao enfrentar esses desafios, como eu posso dar o que tenho de melhor e continuar em harmonia com a vida?**

POR QUE O ESTOICISMO?

Temos a capacidade de prosperar. A meta estoica é a *eudaimonia*, uma vida florescente. Com uma prática focada, podemos cultivar uma vida serena, alegre e entusiástica, mesmo diante de grandes desafios. Vamos nos sentir cada vez menos irritados, ansiosos e solitários à medida que nossa atitude estoica for tornando cada vez menos provável que emoções negativas criem raízes.

Trabalho como instrutor de saúde e segurança. Toda manhã, dirijo meu carro até uma empresa diferente do estado do Oregon, onde treino um grupo de pessoas que nunca encontrei antes. O trânsito que enfrento pode fazer com que a minha viagem dure entre 15 minutos e três horas. As pessoas que encontro podem se mostrar atentas e curiosas, podem ficar olhando de soslaio para seus celulares ou podem estar claramente muito frustradas por serem obrigadas a participar do treinamento. Além disso tudo, posso estar enfrentando problemas pessoais que podem impedir que eu faça uma boa apresentação. Começo meu dia com uma meditação estoica, que me recorda que sou capaz de enfrentar qualquer obstáculo com que venha a me deparar. Tenho ferramentas mentais como a *Dicotomia do Controle*, que me ajuda a me concentrar nas coisas que tenho o poder de alterar. O estoicismo me deu a *Atitude de Festival*, que transforma todos os grupos de pessoas em uma festa e que me ajuda a apreciar certas coisas que outros poderiam achar cansativas. À noite, faço uma *Revisão Noturna*, que permite que eu me avalie de forma honesta e que me leva a melhorar a cada dia. Logo você terá à sua disposição essas mesmas ferramentas e muito mais. Com a prática, você conquistará a vida florescente que o estoicismo promete.

Antes de seguirmos em frente, pare um pouco para pensar sobre a forma como eu descrevi a vida estoica:

- **Ela é florescente**
- **Ela tem um bom fluxo**
- **Ela está em harmonia com a natureza**

O que essas frases significam para você? Se estivéssemos dispostos a atingir a meta de viver uma vida florescente e em harmonia com a natureza, como seria isso? Que passos poderíamos dar de imediato para nos colocarmos mais próximos dessa visão?

ESTOICISMO PARA TODOS

A definição de um "bom fluxo de vida" é única para cada pessoa. É provável que os desafios que você enfrenta na vida sejam totalmente diferentes dos meus. Felizmente, cada um de nós pode aplicar as ferramentas do estoicismo para seus objetivos particulares. Por exemplo, testemunhei minha esposa usando a filosofia durante uma gravidez difícil. Os médicos passaram todo o período da gestação nos advertindo sobre o fato de que nossa filha poderia não sobreviver e que a vida de Christy também estava em risco. Apesar desse futuro incerto, ela se concentrou no presente, o que fez com que encontrasse alegria em cada momento. Ela colocou a atenção em seus pensamentos e opiniões, coisas que controlava, o que a impediu de ser soterrada pelas ansiedades da vida. A atitude estoica trouxe a paz em meio à turbulência. Os praticantes usam a filosofia para participar plenamente dos relacionamentos, para encontrar satisfação no trabalho (muitas vezes *apesar* do tipo de trabalho que executam) e para administrar as batalhas do dia a dia. Tenho também encontrado estoicos que usam a filosofia para controlar vícios, dores crônicas ou, como no meu caso, problemas emocionais. Não importa quais sejam os desafios que surjam em nosso caminho, o estoicismo nos proporciona meios para prosperarmos ao enfrentá-los.

Para ter acesso a todos esses benefícios, você precisará olhar com clareza para si mesmo, estar aberto para explorar a perspectiva única que o estoicismo oferece e disposto a praticá-la com toda atenção. Como disse Musônio Rufo, um professor estoico romano: "A prática de cada virtude deve sempre vir após o aprendizado das lições voltadas para ela, ou não fará sentido aprendê-las". Aceito isto, vamos dar uma olhada nas muitas ferramentas à nossa disposição.

NO MOMENTO

Reserve um momento para recordar uma situação em que você se sentiu satisfeito ou feliz.

- **Que aspectos dessa situação você acha que mais contribuíram para sua felicidade?**
- **Que estado de espírito permitiu que você experimentasse essas emoções positivas?**
- **Como você poderia acessar esse estado de espírito em qualquer circunstância, não apenas em um determinado momento?**

O *Kit* de Ferramentas

De todas as ferramentas estoicas que você receberá, a Dicotomia do Controle é a mais fundamental delas. Sua premissa: algumas coisas estão sob nosso controle e algumas coisas estão fora do nosso controle. Os estoicos dividem todas as situações de acordo com essa ideia e se concentram apenas naquilo que se enquadra na primeira opção. Essa prática simples representa o núcleo de uma orientação estoica para o mundo. Ela nos ajuda a decidir onde concentrar a atenção para que nossas ações sejam eficientes. Todas as práticas, meditações e ações começam com o treinamento da nossa atenção naquilo que podemos controlar.

O treinamento estoico se concentra em três disciplinas e quatro virtudes.

- **As disciplinas fornecem o treinamento necessário para o desenvolvimento de uma perspectiva estoica.**
- **As virtudes dão uma definição de excelência, para que você tenha uma visão da direção na qual deve trabalhar.**

As três disciplinas parecem ter sido desenvolvidas por Epicteto tanto para informar sobre a prática estoica quanto para funcionar como uma estrutura em seu currículo escolar. Sabemos que ela foi influente o bastante para ter impressionado Marco Aurélio; ele faz referências claras a essa perspectiva tripla em seus escritos.

Os estoicos herdaram as quatro virtudes de uma tradição mais antiga, que remonta pelo menos a Platão e Sócrates, embora seja bem provável que o esquema seja ainda mais antigo.

DISCIPLINAS

Ofereço aqui uma visão breve das três disciplinas estoicas, que veremos em detalhe no Capítulo 3 (p. 65).

- **A *Disciplina do Desejo* envolve um realinhamento radical dos nossos valores no sentido de um trabalho interno com o objetivo de desejar apenas o que está dentro do nosso completo controle. Esse redirecionamento da atenção nos liberta da necessidade de correr atrás de coisas que não contribuem para nossa felicidade.**

- A *Disciplina da Ação* está relacionada às nossas interações com outras pessoas. O objetivo é buscar relacionamentos positivos e saudáveis com todos que venhamos a encontrar, mesmo sabendo que é possível que os outros não retribuam essa postura.

- A *Disciplina do Consentimento* diz respeito à forma como encaramos a vida. Aprendemos a separar nossas reações iniciais ao mundo de nossos julgamentos finais sobre o mesmo mundo. Recusamo-nos a trilhar caminhos mentais que levam à negatividade e, por outro lado, qualificamos nossos pensamentos para nos alinharmos com a sabedoria.

Em cada uma dessas disciplinas encontraremos diversas técnicas que nos ajudam a cultivar uma vida mental saudável.

> **Pense no seguinte:** como seria ter uma atitude mental invariavelmente positiva?

VIRTUDES

A virtude é a arte de viver em harmonia com o mundo. O estoicismo vê as pessoas como parte da natureza assim como qualquer outra coisa o é. Prega que podemos aprender a interagir com o mundo de uma forma que expressa melhor nossa humanidade natural e nossa personalidade única. Dessa forma, o objetivo do estoicismo é tornar-se nossa melhor natureza. Os antigos estoicos tendiam a usar quatro virtudes primárias como guias para pensamentos e ações. Refiro-me a elas como:

- **Sabedoria**
- **Coragem**
- **Justiça**
- **Moderação**

Essa lista não contém os nomes de todas as virtudes. A justiça, por exemplo, é com frequência dividida nas subcategorias de bondade e imparcialidade.

Veja uma maneira de imaginarmos isso: quando projetamos uma luz branca em um prisma, todas as cores se tornam visíveis – mas todas elas têm origem na mesma luz. Do mesmo modo, nossa virtude é unificada, mas pode ser observada de forma mais clara através da situação que estamos vivenciando. Por exemplo, sabedoria é virtude aplicada ao processo de pensamento. Coragem é virtude aplicada à vida emocional. Justiça é virtude em relação a outras pessoas. Moderação é virtude quando aplicada às nossas opções. Todas as situações apresentam oportunidades de praticar a virtude. Quando percebo que outra pessoa poderia se beneficiar do meu lugar no ônibus, eu me levanto? Quando tenho uma oportunidade de discutir francamente uma dificuldade com um colega de trabalho, eu a aproveito? A opção de agir com virtude permitirá que você prospere e viva em harmonia.

Uma crença fundamental que separa o pensamento estoico da maioria das outras filosofias antigas – e modernas – é considerar a virtude como o *único* bem. Os estoicos afirmam que só a virtude é positiva em todas as circunstâncias. A justiça é sempre boa. A sabedoria nunca é ruim. As coisas que muitos consideram "boas" – dinheiro, fama e até mesmo saúde – podem trabalhar em nosso benefício, sem dúvida, mas também podem acabar evoluindo de modo prejudicial. O estoicismo desafia você a se concentrar na virtude porque, ao dar o melhor de si, você lidará com a vida da melhor maneira possível.

> **Pense no seguinte:** em sua opinião, qual seria o bem maior da vida?

Regras a Seguir na Vida

Não esqueça: sua cabeça é sua – e de mais ninguém. Se você se concentra em pensamentos saudáveis e desenvolve opiniões equilibradas sobre sua situação, estará cultivando emoções positivas e despertando um entusiasmo duradouro para viver sua vida da melhor maneira. Estará encarando a negatividade pelo que ela de fato é: um desperdício de energia. Você vai aprender a não permitir mais que o medo, a raiva e outras ansiedades cresçam dentro de você. Vai descobrir que, além de ser capaz de enfrentar desafios, muitas vezes você vai achá-los divertidos. Quando nos movemos nesta direção, o trabalho de sermos nós mesmos se tornará uma alegria. Para ganhar tudo isso, você só precisa ter as ferramentas certas e a vontade de usá-las. Vamos começar.

CRONOLOGIA DOS PENSADORES ESTOICOS

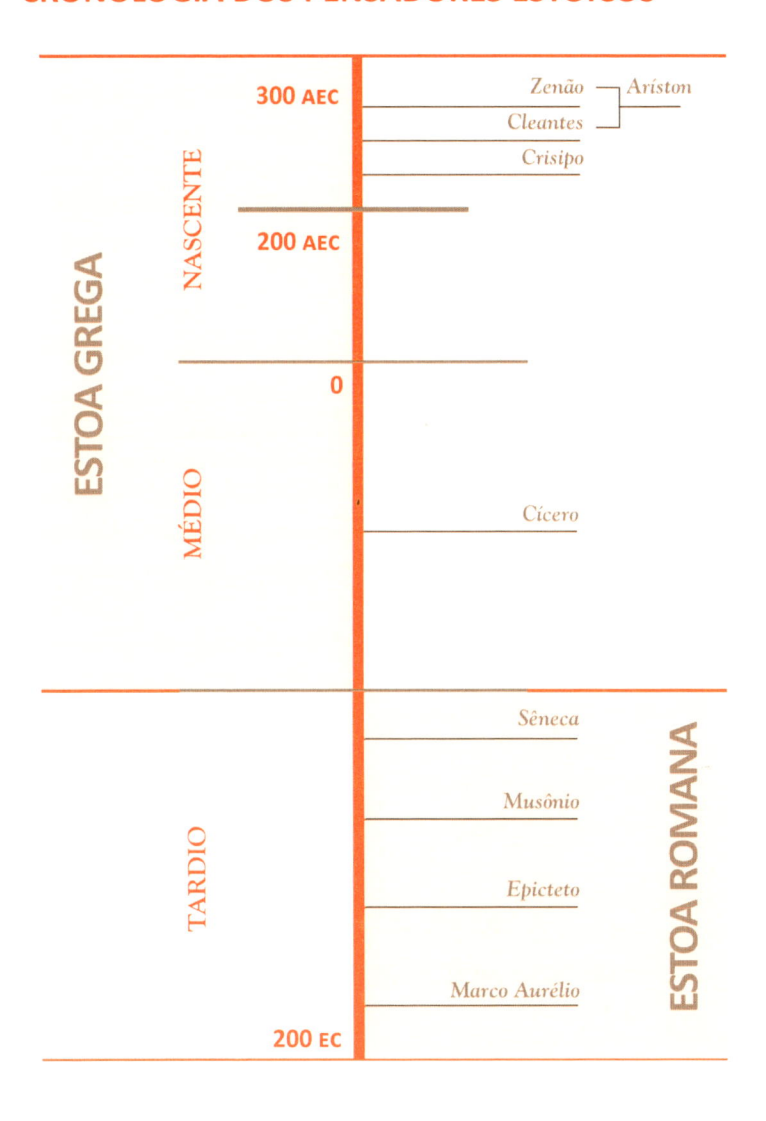

ESTOA GREGA

NASCENTE
- **300 AEC** — Zenão — Aríston
- Cleantes
- Crisipo
- **200 AEC**

MÉDIO
- **0**
- Cícero

ESTOA ROMANA

TARDIO
- Sêneca
- Musônio
- Epicteto
- Marco Aurélio
- **200 EC**

CAPÍTULO 2
Uma Rápida Viagem pela História

"Zenão costumava então discursar andando de um lado para o outro do conjunto de colunas pintadas, ou estoa... Os que começaram a vir para ouvi-lo ficaram conhecidos como homens da estoa ou estoicos; e o mesmo nome foi dado a seus seguidores originais, que de início haviam sido conhecidos como zenonianos."

– Diógenes Laércio, *Vidas dos Filósofos Eminentes*, Livro 7

O estoicismo tem sua origem nos gregos antigos, em 300 AEC, mas a filosofia que agora conhecemos foi filtrada pelos romanos que vieram mais tarde. Olhar para a vida das pessoas que desenvolveram a filosofia pode nos ajudar a compreendê-la de novas maneiras. Os estoicos eram pessoas reais, como nós. Se puderam criar e praticar uma filosofia do florescimento humano, nós também podemos. Vamos conhecer algumas das pessoas que estavam por trás disso!

Antes do Estoicismo

Antes de desenvolver o que se tornou conhecido como estoicismo, Zenão de Cítio estudou muitas filosofias. Sua primeira influência veio do pensador cínico Crates. Um dos princípios fundamentais dos cínicos vai parecer familiar: o propósito da vida é viver com virtude. Os cínicos praticavam a virtude rejeitando os desejos mais convencionais. Zenão também estudou o platonismo, com Xenócrates e Polemon. Como os seguidores de Platão, Zenão considerava Sócrates um ser humano exemplar; os estoicos se consideravam descendentes filosóficos diretos de Sócrates. Zenão também estudou os megarianos, que podem ter influenciado sua crença na unidade da virtude. Dessas e de outras influências de grande riqueza, Zenão desenvolveu algo novo, uma filosofia que prosperou durante quinhentos anos e nunca deixou inteiramente de estar entre nós.

Os Primeiros Filósofos

As pessoas cuja influência sobre o estoicismo perdura até hoje estão listadas a seguir, em ordem cronológica, da primeira à mais recente.

ZENÃO (CERCA DE 334-262 aec)

"Felicidade é um bom fluxo de vida."

– Zenão, como citado por Estobeu

O que sabemos sobre Zenão de Cítio, fundador do estoicismo, vem de uma biografia escrita por Diógenes Laércio, um historiador da Antiguidade. Segundo uma história sobre algo que aconteceu durante a juventude de Zenão, "ele consultou o oráculo para saber o que devia fazer para alcançar a felicidade na vida e a resposta do deus foi que ele devia assumir a expressão dos mortos". Zenão concluiu que isto significava que ele deveria estudar os escritores antigos, e foi assim que brotou seu amor pela filosofia.

Segundo Diógenes Laércio, Zenão era comerciante, e certo dia uma tempestade fez sua embarcação naufragar. Sem saber o que fazer da vida, Zenão tomou o rumo de Atenas e foi ter com um livreiro, onde leu um relato sobre a vida de Sócrates. Impressionado com o que aprendeu, Zenão perguntou ao livreiro onde poderia encontrar pessoas como Sócrates. Nesse exato momento, um famoso filósofo cínico, Crates de Tebas, estava passando por lá. O livreiro apontou para Crates e disse: "Vá atrás dele".

Podemos não saber exatamente como as coisas aconteceram, mas sabemos que Zenão chegou a Atenas por volta do ano 312 AEC e, em 300 AEC, deu início à escola estoica. Sua filosofia reteve a divisão tripla de lógica, física e ética de seus dias platonistas, embora a física diferisse consideravelmente da física de Platão. A ética reteve muita coisa dos cínicos, embora os estoicos fossem menos radicais em seu ascetismo.

Zenão escreveu muitos livros, mas restaram apenas os títulos deles. As primeiras obras estoicas foram perdidas em expurgos filosóficos, quando os livros eram queimados, ou devido à negligência e à ação do tempo. O que conhecemos de Zenão vem em trechos de citações e outros fragmentos. Sabemos que Zenão escreveu *A República*, um livro que descrevia um mundo estoico perfeito. Zenão fez reivindicações ousadas para seu tempo: insistia que todas as pessoas deviam ser vistas como cidadãos iguais, o que incluía igualdade entre homens e mulheres. Zenão acreditava que todas as pessoas tinham o mesmo acesso à virtude, mas poucos chegavam de fato a aproveitá-lo. Sócrates, Diógenes e o mítico Hércules eram algumas das poucas pessoas que ele tinha na conta de *sábios*, verdadeiramente virtuosos. Pode ser por isso que o nome antigo de seus seguidores, zenonianos, nunca tenha se fixado: Zenão jamais afirmou que era perfeito. E a escola recebeu o nome do lugar onde o ensinamento era passado – a Estoa – o pórtico onde as lições eram franqueadas a todos.

▦ ARÍSTON DE QUIOS (CERCA DE 300 A CERCA DE 260 aec)

"A virtude é a saúde da alma."

– Aríston

Aríston foi um contemporâneo de Zenão. Sua filosofia mostra a grande diversidade do pensamento estoico desde suas origens. Aríston acreditava que só a ética importava. Seus pontos de vista não chegaram a prevalecer, na medida em que as ideias de Zenão foram cristalizadas pela terceira liderança da escola estoica, Crisipo, transformando-se no estoicismo propriamente dito. Embora Aríston pareça ter perdido essa batalha antiga, acho que sua opção em deixar de lado a lógica e a física para enfatizar a ética prática se ajusta a nosso espírito moderno.

▦ CLEANTES (CERCA DE 330 A CERCA DE 230 aec)

Após a morte de Zenão, o comando de sua escola passou para um de seus alunos, Cleantes, a quem Zenão legou a continuidade do ensinamento. Cleantes começou a vida como boxeador, mas abandonou a carreira para se tornar um filósofo depois de ouvir as palestras de Zenão. Cleantes valorizava o trabalho físico e, de estudante, chegou a ser a segunda principal liderança da escola por meio de trabalho árduo. Trabalhava à noite como carregador de água para um jardineiro, irrigando a terra ao caminhar entre o poço e os jardins. Cleantes manteve a Estoa por mais de trinta anos, expandindo e solidificando diversas doutrinas de Zenão. Zenão mandou que seus alunos "vivessem de modo consistente". Cleantes acrescentou: "com a natureza". Supõe-se que tenha escrito mais de 50 obras, das quais, mais uma vez, só temos fragmentos. Uma das obras mais extensas ainda em nosso poder chama-se "Hino a Zeus", o que nos dá uma ideia da relação dos estoicos com seu deus, o Universo. A prece abaixo é apenas uma parte do hino:

"Para onde quer que seus decretos me indiquem,

Sigo prontamente, e mesmo que a escolha não seja minha,

Miserável que sou, ainda devo seguir.

O destino guia os dispostos, mas arrasta os renitentes."

CRISIPO (CERCA DE 279 A CERCA DE 206 AEC)

Crisipo foi aluno de Cleantes e a terceira principal liderança da escola estoica. Sabemos que foi um filósofo brilhante e que expandiu muito os ensinamentos de Zenão, a ponto de ser chamado de Segundo Fundador do Estoicismo. Como disse Diógenes Laércio: "Sem Crisipo, não haveria a Estoa".

CICERO (106 - 43 AEC)

Em 155 AEC, o então chefe da escola estoica foi a Roma, acompanhado por outros filósofos. Deixaram uma impressão tão forte que, em meados dos anos 40 AEC, um famoso estadista romano e orador, Cícero, escreveu vários livros sobre ideias estoicas. Ele não se considerava um estoico, citando divergências com sua física e outras ideias, mas praticava a ética estoica e suas obras transmitem informações que, não fossem elas, teriam sido perdidas.

SÊNECA (4 aec - 65 ec)

Sêneca foi também um político romano, conhecido como conselheiro do imperador Nero nos primeiros anos de seu reinado. Sêneca era um estoico prático e, como escritor prolífico, escreveu 124 cartas sobre moralidade e diversos ensaios que constituem um dos mais importantes acervos de pensamento estoico a que ainda temos acesso.

MUSÔNIO RUFO (CERCA DE 30 A CERCA DE 100 ec)

Musônio Rufo foi mestre de um estoico bem conhecido, Epicteto. Temos uma pequena coleção de suas lições, que iluminam os pensamentos estoicos sobre uma série de assuntos, como o que os estoicos deviam comer, como deviam se vestir e mobiliar suas casas, como seria o relacionamento deles com o trabalho e a família. Epicteto declara que seu mestre não queria que os alunos louvassem suas palavras, mas que ficassem paralisados num silêncio contemplativo. Como dizia Musônio: "A escola do filósofo é um consultório médico. Você não deve sair de lá satisfeito, mas aflito".

▦ EPICTETO (55 A 135 EC)

Temos informações sobre Epicteto porque um de seus alunos, Arriano, transcreveu suas aulas nos *Discursos* e no *Enchiridion*. Epicteto começou a vida como escravo, recebeu alforria e tornou-se um professor estoico. Seria difícil superestimar sua influência sobre o estoicismo moderno: foi provavelmente ele que desenvolveu as três disciplinas. Como verdadeiro estoico, Epicteto estava sempre focado em mudar a vida de seus alunos. Não queria que eles confundissem memorização de textos estoicos com o trabalho real de construir um ego melhor. "Se você está agindo com harmonia, mostre que está", dizia ele, "e eu lhe direi que está fazendo progressos; mas se não existe harmonia, vá embora, e não se limite a expor suas anotações, droga, vá e escreva você mesmo alguns livros. E o que você vai ganhar com isso?".

▦ MARCO AURÉLIO (121 EC - 180 EC)

"Não se sinta exasperado, derrotado ou desanimado porque seus dias não estão repletos de ações sábias e morais. Mas volte a se erguer quando falha, para celebrar – ainda que precariamente – o comportamento de um ser humano e abraçar de forma plena a busca em que embarcou." – Marco Aurélio, *Meditações* 5:9

De 161 EC a 180 EC, o imperador romano Marco Aurélio manteve um diário filosófico pessoal. Esse diário, hoje com frequência intitulado *Meditações*, é uma das obras estoicas fundamentais que sobreviveram. É através de suas reflexões que entendemos a mente estoica. Seus pensamentos são muito variados e encontramos alguém que luta com as próprias ideias, que busca uma sabedoria prática e, como imperador, anseia por compreender a justiça. Ele também contempla sua vida à luz da imensidão do Universo em termos de espaço e tempo. Marco Aurélio nos mostra que, a despeito da posição social do indivíduo, todos podem encontrar a harmonia estoica.

Conheça seus Estoicos

Vamos ver se você consegue recordar a vida dos estoicos. Ligue o fato da vida com o filósofo que ele representa.

Zenão de Cítio	A. Começou como escravo, mas ganhou a liberdade e se tornou chefe da escola estoica.
Cleantes	B. Estadista romano cujas cartas sobre moralidade constituem grande parte dos escritos estoicos que chegaram até nós.
Crisipo	C. Um mercador naufragado que mudou o curso de sua vida e se tornou filósofo.
Sêneca	D. Filósofo brilhante que foi chamado "o segundo fundador do estoicismo".
Epicteto	E. Imperador romano que escreveu um diário filosófico pessoal que ainda temos hoje.
Marco Aurélio	F. Um homem que fora boxeador quando jovem e que trabalhava durante muitas horas para sustentar seu aprendizado estoico.

Respostas na p. 214

Ainda Mais Filósofos!

Esses pensadores famosos vieram antes dos estoicos, mas todos tiveram, de um modo ou de outro, uma influência significativa sobre a filosofia estoica.

▦ PITÁGORAS (570-495 aec)

Se pensarmos em nossas aulas de matemática, vamos nos lembrar do Teorema de Pitágoras. Se o seu professor de Matemática tentou tornar as coisas interessantes, talvez você tenha aprendido que Pitágoras, o matemático, era também um líder religioso. Seus pensamentos políticos e religiosos tiveram grande influência na Grécia antiga e inspiraram muitos filósofos. Muitos textos estoicos fazem referência a Pitágoras e a seus *Versos de Ouro*. Os estoicos desfrutavam, em especial, de uma prática pitagórica que nos solicita uma revisão do nosso dia ao fazer a seguinte pergunta: "O que fiz de errado? O que fiz de bom? O que deixei de fazer que deve de ser feito amanhã?".

SÓCRATES (470-399 aec)

Todos conhecem Sócrates como fundador da filosofia ocidental. Os estoicos relacionaram diretamente sua história a este homem enigmático e filósofo modelo, embora sua escola só tenha se desenvolvido quase cem anos depois de sua morte. A vida de Sócrates inspirou Zenão de Cítio a se tornar filósofo. O que sabemos sobre Sócrates vem sempre dos escritos de outras pessoas; ele optou por nada escrever, mas por viver uma vida de diálogo filosófico com quase todos que conheceu. Muitas das opiniões de Sócrates – que ninguém deseja fazer o mal, que ninguém comete um erro por opção e que a virtude é suficiente para a felicidade – foram adotadas pelo estoicismo.

🎏 DIÓGENES DE SINOPE (CERCA DE 412-323 aec)

"E como é possível que um homem que não tem nada, que está nu, sem casa, sem um fogo, esquálido, sem um servo, sem uma cidade, possa viver uma vida que flua facilmente? Veja, Deus mandou um homem para nos mostrar que isso é possível."

Epicteto, a respeito de Diógenes de Sinope

Diógenes de Sinope fundou a filosofia cínica e, como Sócrates, foi considerado pelos estoicos que o sucederam como um exemplo supremo da vida filosófica. O cinismo envolve uma prática ascética mais intensa que o estoicismo. Muitos cínicos optam por ter somente as roupas que vestem e sacrificam seus corpos para mostrar que estão acima do desconforto. O próprio Diógenes de Sinope dormia em um grande jarro de cerâmica que encontrou num mercado. A ideia cínica de que tudo, com exceção da virtude, é completamente insignificante levava a esta pobreza intencional e desafio às normas sociais. Afinal, se as coisas não são boas nem más na sua essência, por que investir nelas? Os estoicos adotariam muito dessa visão, mas acrescentariam a ideia de que há coisas que, no fim das contas, vale a pena obter. Diógenes de Sinope inspirou os estoicos com sua disposição de incorporar plenamente suas crenças e desafiar a sociedade em busca da sabedoria.

CINISMO MODERNO *VERSUS* CINISMO ANTIGO

O termo "cínico" (ou "cinismo") provavelmente evoca o sentido moderno da palavra, de uma pessoa que é egoísta, desconfiada e disposta a desrespeitar normas sociais para obter vantagens pessoais. Essa visão de cinismo está tão distante da antiga filosofia cínica quanto a moderna palavra "estoico" se encontra distante dos estoicos antigos. Os cínicos acreditavam que o sentido da vida era ter uma vida de virtude, como os estoicos, mas praticavam o descarte do maior número possível de coisas materiais para desfrutar de uma tal vida. Eles também desprezavam a maioria das convenções sociais, não por interesse próprio, mas porque as encaravam como obstáculos para uma vida virtuosa. Achavam que o escândalo causado pelo comportamento deles oferecia uma oportunidade para outras pessoas aprenderem a questionar o mundo em torno delas.

Lição de Grego

Conhecer os termos que os estoicos costumavam usar ajuda a entender melhor sua escola de pensamento.

Eudaimonia, **substantivo:** felicidade, florescimento humano.

Os estoicos consideram o florescimento humano o objetivo da vida. Definem isso como "viver de acordo com a natureza".

Prosoche, **substantivo:** atenção.

Um aspecto fundamental da prática estoica é uma atenção concentrada no nosso processo de pensamento.

Pathos, **substantivo:** um julgamento irracional; uma perturbação da mente.

Os estoicos acreditavam que as emoções negativas ocorrem devido a julgamentos inadequados sobre o mundo. Práticas éticas estoicas nos reciclam para que possamos fazer julgamentos fundamentados, eliminando, assim, o pathos, que também é chamado de *paixões*.

Eupatheia, **substantivo:** um julgamento fundamentado; um estado de espírito saudável.

Estados mentais saudáveis, como a alegria, vêm das crenças fundamentadas acerca do mundo – e das reações a ele.

***Aretê*, substantivo:** virtude, excelência.

O treinamento para um esforço decidido pela excelência moral pessoal permite o acesso à eudaimonia, a vida florescente.

***Adiaphora*, substantivo**: indiferentes.

Os estoicos colocam todas as coisas que estão fora de seu controle na categoria de "indiferentes", coisas que, em si mesmas, não são boas nem más. Uma parte fundamental da formação estoica é aprender a discernir entre aquilo que é verdadeiramente bom daquilo que é indiferente.

***Oikéiosis*, substantivo:** afinidade, filiação, afeto.

O estoicismo atua no âmbito de nossa afeição natural por parentes próximos a fim de expandi-la de forma a incluir o amor por toda a humanidade.

Aplicando a Teoria

Vamos usar a técnica de Pitágoras para rever *o seu* passado mais recente: o dia de ontem. O ideal é que você pratique isso toda noite, antes de ir dor-

mir. Primeiro, repasse o que aconteceu no seu dia: o que você acha que não deu certo? O que você fez bem feito? E, por fim, há alguma coisa que deixou de fazer e que poderia ser retomada amanhã? Comemore suas vitórias. Tire lições de seus erros para avançar amanhã.

Os estoicos que você acabou de conhecer criaram uma filosofia prática que pode ajudá-lo a prosperar. Nos próximos dois capítulos, você trabalhará com as ferramentas que eles usaram para vencer desafios e encontrar harmonia em suas vidas. As disciplinas estoicas fornecerão uma estrutura para compreender o estoicismo e as virtudes direcionarão seu trabalho filosófico.

PARTE II

SEU NOVO *KIT* DE FERRAMENTAS EMOCIONAIS

CAPÍTULO 3
Pensando como um Estoico

"Em todos os lugares, a cada momento, você tem a opção: aceitar este acontecimento com humildade, tratar este indivíduo como ele deve ser tratado, abordar este pensamento com cuidado, para que nada irracional entre de forma sorrateira."

– Marco Aurélio, Meditações 7:54

Pense Estoicamente

O estoicismo nos dá as ferramentas para prosperar na vida ao trabalhar com a mente. Se sua vida mental é saudável, você pode encontrar positividade e resiliência em qualquer situação. A citação que abre este capítulo aborda as três disciplinas estoicas. A Disciplina do Desejo o ajudará a aceitar os eventos com humildade. Novos valores vão liberá-lo para praticar a moderação e vão ajudá-lo a encontrar coragem para enfrentar os acontecimentos da vida. A Disciplina da Ação o ajudará a desenvolver um amor pela justiça e a tratar as pessoas como elas devem ser tratadas. A Disciplina do Consentimento lhe dará uma perspectiva racional para abordar cada pensamento com cuidado.

Como um programa de exercícios para o cérebro, as disciplinas treinam sua mente para que você possa viver uma vida que maximize a felicidade. A atitude estoica é inabalável. Essa atitude se desenvolve com o indivíduo se envolvendo com sua comunidade de uma forma razoável e afetuosa, não se retraindo diante do mundo. Antes de mais nada, nosso objetivo é viver em harmonia, e a harmonia envolve outras pessoas. Depois de aprender sobre as disciplinas, que dão estrutura ao estoicismo, você aprenderá sobre as virtudes – as disciplinas mostram o que fazer e as virtudes mostram a você porque fazê-lo.

Ferramentas Essenciais

As disciplinas, ao lado das virtudes, vão ajudá-lo a cultivar uma atitude saudável que permitirá que você dê o melhor de si em todas as situações. Você será capaz de cultivar uma vida emocional positiva e resiliente, que permite um acesso mais sólido à serenidade e à alegria. Pense nelas como uma estrutura na qual você pendura seus pensamentos estoicos.

A DISCIPLINA DO DESEJO: QUERENDO O QUE VOCÊ TEM

> *"Se você fizer aquilo que é adequado à sua natureza e aceitar o que a natureza do mundo tem para oferecer – contanto que trabalhe para o bem dos outros, de todas as formas possíveis – o que será capaz de machucá-lo?"*
>
> – Marco Aurélio, *Meditações* 11:13

Epicteto achava que a prática mais importante para um novo estoico era a Disciplina do Desejo. Aconselhava seus alunos a se concentrarem nesta área, porque o avanço futuro do estoicismo requeria a atitude saudável que emergiria da prática da Disciplina do Desejo. O desejo é a expansão de sua mente para algo que você quer; trata-se do oposto da aversão (ou medo), que é uma contração de algo.

Epicteto explicou a questão do controle do desejo e da aversão com uma verdade simples: se você nunca conseguir o que quer, nunca será feliz e, caso se depare com aquilo que está tentando evitar, perderá qualquer felicidade que tiver. Para desenvolver uma felicidade consistente, você deve treinar a si mesmo para desejar apenas o que sempre pode ter e temer apenas o que sempre pode evitar. A Disciplina do Desejo existe para fazê-lo adotar essa atitude, uma atitude que se mantém impassível diante dos desafios da vida.

Imagine, por exemplo, os passageiros de um avião durante uma turbulência. Todos estão passando por uma experiência física semelhante, mas existe toda uma gama de estados mentais: o homem na poltrona da janela está dominado pelo medo, a mulher na poltrona do meio está perfeitamente calma e a pessoa ao lado do corredor está dormindo. Em termos físicos, eles estão experimentando a mesma coisa – a sensação de turbulência – mas suas perspectivas são diferentes. O indivíduo medroso se concentra em pensamentos assustadores, temendo um possível acidente aéreo. A mulher calma usa sua mente de outra maneira. Se ela for estoica, talvez esteja lembrando a si própria que não sabe o que acontecerá no futuro e que não pode controlar a turbulência. Pode compreender que entrar em pânico não ajuda a manter o avião no céu e que a preocupação pode deixá-la abalada, e assim menos capaz de ajudar a si mesma e aos outros se a situação piorar. Duas pessoas em dois estados emocionais muito diferentes. Em qual deles você preferiria estar?

A atitude estoica envolve a compreensão do que podemos e do que não podemos controlar. Perguntamos a nós mesmos – quais vontades posso sempre realizar e quais coisas posso sempre evitar? A resposta estoica é que se só desejarmos fazer o melhor que pudermos (viver uma vida virtuosa) e se só evitarmos os erros morais (chamados de vícios), podemos ser sempre bem-sucedidos, porque são coisas que somos capazes de controlar.

Para administrar nossos desejos e nossas aversões, devemos nos concentrar no presente. As coisas que controlamos estão aqui, neste momento. Como disse Sêneca: "Duas coisas devem ser eliminadas: o medo do futuro e a memória de sofrimentos passados. O passado já não me diz respeito, enquanto o futuro ainda não me diz respeito". Muitos de nossos desejos e medos existem lá no futuro, e ainda assim encontram uma maneira de nos incomodar por meio dos nossos pensamentos presentes. Logo você vai aprender a "cercar" o presente para que possa concentrar sua energia no aqui e agora (ver *isolar o presente*, na p. 70).

Disciplinar o desejo também significa aprender a aceitar o momento presente. Se queremos agir de forma decidida em um determinado momento, temos de reagir ao que se encontra diante de nós. Desejar que as coisas fossem diferentes do que são é um desperdício de energia. A expressão *Amor Fati*, amor ao destino, vem de um filósofo mais moderno, Nietzsche. A ideia, no entanto, permeia a filosofia estoica. Se somos capazes de aceitar o mundo como ele é, não desejaremos coisas que nunca acontecerão. Isso não significa desencorajar a pessoa a lutar pelo melhor; afinal, como teríamos a virtude Coragem se assim fosse? Mas se não conseguimos chegar a um acordo sobre o que está acontecendo diante de nós, nossa felicidade será sempre descontinuada.

Colocar sua vida pessoal em um contexto mais amplo, até mesmo universal, pode ajudar a conter o pensamento negativo, pondo seus desafios em perspectiva. Os estoicos praticavam diversas técnicas para adotar uma perspectiva universal, uma das quais vamos praticar daqui a pouco. Primeiro daremos uma olhada numa série de práticas que vêm da Disciplina do Desejo.

Isole o Presente

> *"Então lembre-se de que nem o passado nem o futuro têm poder sobre você. Somente o presente tem – e mesmo isso pode ser minimizado. Apenas marque seus limites."*
>
> – Marco Aurélio, Meditações 8:36

"Marque seus limites" faz referência a uma prática chamada *isolar o presente*. Ela proporciona um meio de aliviar o estresse, o pensamento catastrófico e outras ansiedades. Para fazer isso, basta que você se permita habitar no presente, distanciando-se do futuro e do passado. Respire. Foque sua atenção no momento presente. O passado acabou. Não é possível saber o que o futuro trará. Livre-se das ansiedades acerca do futuro; elas só existem na sua imaginação. Só podemos agir no presente.

- **Você consegue lidar com este momento?**
- **O que você pode fazer agora para ter pensamentos saudáveis e tomar iniciativas eficientes?**

Oportunidade Infinita

Quando seus desejos e suas aversões são coisas ou situações, você vai pensar em momentos que não proporcionam o que você quer ou momentos que o confrontam com coisas que você evitaria como "ruins". Se parar de se concentrar em desfechos – mas desejar ser o que você tem de melhor em cada momento – vai compreender que todas as situações oferecem oportunidades para praticar a virtude.

Quando enfrentar um desafio, pergunte a si mesmo:

- **Como posso me beneficiar disso?**
- **A que virtude posso recorrer para dar conta deste momento?**

Faça uma Pausa e Compare

> *"Se você teve o vislumbre de algum prazer, tenha cautela e espere um pouco antes de agir. Pense então no período durante o qual desfrutará o prazer e no período que se seguirá a isso, quando você irá arrepender-se e ficar desapontado consigo mesmo. Por outro lado, imagine sua felicidade se você resistir à tentação e passar a se elogiar pela vitória."*
>
> – Epicteto, *Enchiridion* 34

Todos temos prazeres que são pouco saudáveis para nós. Pode ser difícil resistir ao que desejamos num determinado momento. Às vezes podemos simplesmente evitar a situação em questão, para não ficarmos tentados, mas os estoicos sempre nos lembram de que não podemos entregar nossa felicidade ao acaso. Vamos enfrentar situações em que precisaremos tomar uma decisão. É aí que *fazemos uma pausa e comparamos*. O primeiro passo é encontrar um modo de retardar nossa escolha. Não podemos nos afastar por um momento? Não podemos dar uma parada para respirar? Dê a si mesmo tempo para pensar. Compare, em

seguida, duas possibilidades: optar pelo prazer *versus* optar pela excelência (virtude). Lembre-se de que o prazer inclui o momento durante o qual você o desfruta *mas também* seus sentimentos sobre si mesmo após o fato. Essa prática irá ajudá-lo a dominar os impulsos iniciais e a tomar uma decisão mais fundamentada.

A Visão de Cima

Sente-se em um lugar confortável, feche os olhos e imagine como é ver a si mesmo olhando de cima. Sempre olhando para si mesmo, recue e veja seu bairro. Recue mais e veja sua cidade, seu país, o mundo, talvez até o Universo. Enquanto faz isso, exponha, em cada estágio, seus desafios com relação ao que vê. Repare que há outros indivíduos que também estão enfrentando desafios. Constate que o mundo não está tão concentrado em você a ponto de fazer que seus erros sejam vistos por todos. Deixe que, por ora, seus problemas desapareçam na distância. Encontre paz no mundo e em sua pequena parte dele.

- Existiu algo em sua vida que você já desejou ou temeu intensamente e com o qual agora não se importa mais?
- Por que houve essa mudança?

REFLEXÃO

"Não entre em pânico diante da visão de conjunto de toda a sua vida. Não pense nos problemas que você enfrentou ou naqueles que ainda tem de enfrentar, mas pergunte a si mesmo, quando cada problema vier: o que há de tão insuportável ou incontrolável nisto? Sua resposta vai envergonhá-lo. Lembre-se então de que não é o futuro ou o passado que pesam sobre você, mas só o presente. Sempre o presente, que se torna uma coisa ainda menor quando é isolado dessa forma e quando a mente é castigada por não conseguir resistir a um objeto tão franzino."

— Marco Aurélio, *Meditações* 8:36

Essa citação ilustra de forma direta o *isolar o presente*. Lembre-se de uma época em que você estava muito preocupado com um determinado acontecimento mas, depois que tudo acabou, você se deu conta de que a preocupação era exagerada. Use esse acontecimento em uma nova prática. Imagine como o teria enfrentado muito melhor com o emprego dessa técnica.

- As coisas não teriam sido diferentes se sua energia estivesse no presente, em vez de perdida em elucubrações sobre o futuro?

A DISCIPLINA DA AÇÃO: O QUE VOCÊ FAZ

> *"Indiferença com relação aos acontecimentos provocados por causas exteriores. Justiça nas ações provocadas pela causa que está dentro de você. Em outras palavras, deixe seu impulso para agir e sua ação terem como objetivo o trabalho de auxílio à comunidade humana, porque isso, para você, está em conformidade com sua natureza."*
>
> – Marco Aurélio, *Meditações* 9:31

Temos de tomar decisões e assumir alguns riscos nesta vida, mas agir não garante que venhamos a obter o que queremos. Como podemos, então, nos sentir em harmonia se o fracasso é uma possibilidade? A Disciplina da Ação está concentrada na virtude da Justiça, que abordaremos melhor no capítulo seguinte. Por ora, saiba que essa disciplina pede três coisas a você:

- **Primeiro, aprenda a agir com uma "cláusula de reserva" (veremos mais sobre isso em breve).**
- **Segundo, aprenda a optar por ações que beneficiem tanto você quanto os outros.**
- **Terceiro, desenvolva um sistema de valores mais saudável que possa liberá-lo para a prática de ações mais justas.**

Epicteto usou a seguinte história como um exemplo ideal de justiça. "Que homem entre nós não admira o dito de Licurgo, o lacedemônio? Pois quando um de seus concidadãos cegou um de seus olhos e as pessoas lhe entregaram o jovem para que ele se vingasse como quisesse do delinquente, em vez de se desforrar, ele o educou, fez dele um homem e o introduziu no teatro. E quando os lacedemônios manifestaram sua surpresa, ele disse: 'Quando recebi esse homem das mãos de vocês, ele era insolente e violento; agora o estou devolvendo como uma pessoa razoável e com espírito público'".

Esse exemplo é o ponto culminante da justiça estoica, em que a pessoa alvo de violência trabalha para regenerar o agressor em vez de exigir punição. Tal senso de justiça pode estar muito longe do nosso alcance. Mas o que você pode fazer agora para tomar medidas que beneficiem a todos?

Cláusula de Reserva

Como você pode realizar uma ação e permanecer centrado se ela não funciona? Aprendendo a usar a cláusula de reserva estoica. "Hoje à tarde vou tirar as ervas daninhas do meu jardim, se não houver nada que impeça isso de acontecer." Esse final de frase, "se não houver nada que impeça isso de acontecer", é poderoso. Não posso dizer com certeza que vou tirar as ervas daninhas do jardim hoje à tarde: pode chover; pode surgir um problema mais urgente. Se eu não conseguir tirar as ervas daninhas do jardim depois de dizer que iria fazê-lo, poderia ficar frustrado ao me dar conta de que as coisas não deram certo. Podemos, é claro, ser surpreendidos por muitos projetos mais importantes que a jardinagem. "Se não houver nada que impeça isso de acontecer" abre espaço para

a perspectiva estoica. Eu quero fazer *x*, mas compreendo que não tenho controle sobre a situação. Se usarmos sistematicamente a cláusula de reserva, encontraremos estabilidade até mesmo quando a vida abala um ou dois dos nossos projetos.

Um amor pela humanidade molda todas as ações estoicas. Os primeiros estoicos consideravam que cada um de nós faz parte de um organismo único, como se fôssemos todos células que juntas compõem um corpo. Marco Aurélio disse que fomos feitos para trabalhar juntos, como as arcadas dentárias superior e inferior. Disse também que agir contra os outros era um ato subversivo, que nos extirpava de nossa comunidade natural. No capítulo seguinte vamos discutir a Justiça e nos estender sobre nosso amor pelas pessoas.

REFLEXÃO

"Faça todo possível para convencê-los. Mas aja por conta própria, se a justiça assim o exigir. Se for desafiado pela força, recue num gesto de aceitação e pacificação. Aproveite o recuo para praticar

outras virtudes. Mas não se esqueça de que nossos esforços estão sujeitos às circunstâncias, seu objetivo não é fazer o impossível. Qual é então o objetivo? Tentar. E ter sucesso. O que você se propõe a fazer é cumprido."

— Marco Aurélio, *Meditações* 6:50

Quando um estoico para? Por que abandonar um projeto quando você vê o mundo como indiferente e tem a coragem de agir apesar dos obstáculos? Nessa citação, Marco Aurélio destaca que há momentos em que a resistência a nossas iniciativas forçará uma reavaliação de nossas possibilidades. Ele apresenta duas práticas como soluções para o dilema, a que chamamos de *oportunidade infinita* e a *cláusula de reserva*. A oportunidade infinita nos lembra que todo desafio apresenta uma chance de praticar a virtude. O imperador usa sua fracassada tentativa de fazer justiça como uma oportunidade para praticar a aceitação e a pacificação. Ele também usa a cláusula de reserva para mostrar que nunca fracassou de fato. Ele esperava por um determinado resultado, mas também queria agir de forma correta e preservar o que tinha de melhor. Seu objetivo era agir da melhor forma possível e – nisso – ele teve êxito.

Quando você tem de decidir se deve ou não abandonar um determinado projeto, faça duas perguntas a si mesmo:

- Fiz o melhor que podia fazer?
- Nessa nova situação, que oportunidades tenho de mostrar o que tenho de melhor?
- Agora faça o que sabedoria lhe diz que é o melhor.

Duas Missões

Você já aprendeu a *cláusula de reserva*, mas essa não é a única expressão que pode rapidamente alinhá-lo com o pensamento estoico. Chamo esta nova prática de *duas missões.* A atitude estoica permite que você desfrute a vida, com seus desafios e tudo o mais, e continue feliz. Ajuda ter uma técnica que o lembra do objetivo de levar uma vida virtuosa e gratificante. Aqui está um exemplo.

Pense no ato de guiar um carro. Pode haver trânsito pesado, você pode levar uma fechada ou errar numa conversão.

Lembre-se de que você quer dirigir, mas também quer continuar vivendo a vida contente.

Sempre que estiver pronto para fazer alguma coisa, pense no que vai enfrentar e que obstáculos novos poderão surgir. Adicione, então, uma frase a seu objetivo maior: "Também quero estar contente", "Quero estar em harmonia com a vida" ou "Quero proteger o que tenho de melhor".

Duas Alças

> *"Tudo tem duas alças: uma pela qual pode ser carregado e outra pela qual não pode. Se seu irmão age de maneira injusta, não tente controlar a situação usando a alça da injustiça, pois a situação não poderá ser conduzida por ela; procure a outra alça, sabendo que ele é seu irmão, que é parte da sua família e que você conduzirá tudo de modo satisfatório."*
>
> – Epicteto, *Enchiridion* 43

A metáfora das *duas alças* irá lembrá-lo de que o modo de abordagem de um desafio é uma escolha. No exemplo de Epicteto, você pode retribuir injustiça com injustiça ou pode optar por colocar em prática o que tem de melhor.

Isso é sempre uma escolha sua. Em qualquer situação, em particular nas situações desafiadoras, lembre-se de que há duas maneiras de interagir e escolha a melhor entre elas.

A Orientação Matinal

>Chegaremos a amar as pessoas, mas, por ora, gostaria que você se empenhasse apenas em tolerá-las. Marco Aurélio tem uma poderosa meditação matinal que o ajudará a praticar o estoicismo desde o momento em que acorda. Leia a citação seguinte, de *Meditações* 2:1, e adapte-a à sua própria voz. Comece sua manhã com esses pensamentos e, quando se sentir esgotado, lembre-se novamente deles.
>
>Quando acordar pela manhã, diga a si mesmo: as pessoas com quem vou me relacionar no dia de hoje serão intrometidas, ingratas, arrogantes, desonestas, ciumentas e mal-humoradas. Elas são assim porque não conseguem distinguir o bem do mal. Mas eu vi a beleza do bem e a feiura do mal e percebi que o malfeitor tem uma natureza parecida com a minha – não vinda do mesmo sangue e nascimento, mas da mesma mente, e possuin-

do uma parcela do divino. E assim nenhum deles pode me ferir. Nenhum pode me envolver na feiura. Nem posso eu sentir raiva desse meu parente ou odiá-lo. Nascemos para trabalhar juntos como pés, mãos e olhos, como as duas arcadas dentárias, a superior e a inferior. Obstruir-nos uns aos outros não é natural. Sentir raiva de alguém, virar-lhe as costas: essas coisas não são naturais.

Pense em alguém que você conhece, ou de quem apenas ouviu falar, que parece decidir suas ações com base no bem de todos, não apenas no dele. O que você acha que orienta as decisões dessa pessoa?

A DISCIPLINA DO CONSENTIMENTO: ACEITANDO A SI PRÓPRIO

> *"As pessoas não se sentem incomodadas com as coisas, mas, sim, com a opinião que têm sobre elas."*
>
> – Epicteto, *Enchiridion* 5

A Disciplina do Consentimento treina você para prestar atenção ao seu processo de pensamento e cultivar uma mente saudável. Consentimento, no estoicismo, significa dizer sim às informações que recebemos. O estoicismo pede que você pare e pense sobre suas respostas à vida, em vez de permitir que o instinto e o hábito as controlem.

Há uma história sobre um professor estoico que estava viajando de barco quando uma enorme tempestade ameaçou virar a embarcação e afogar os tripulantes. Um dos passageiros notou que o estoico ficou pálido, assim como todo mundo, mas, ao contrário dos demais, não mostrava medo. Depois que a tempestade acabou, o passageiro questionou o estoico. "Parecia que você estava assustado, vi seu rosto ficar pálido. Isso não vai contra o que ensina?" O estoico explicou que nossas reações iniciais não dependem de nós, são reações naturais a um evento repentino. O que o professor aprendera com o estoicismo fora a aceitação do fato de que uma tempestade estava acontecendo. Ele nunca admitia outros pensamentos, como "isso é perigoso" ou "vamos afundar", preferindo se concentrar em manter todos a salvo. Aprender a guiar nosso processo de pensamento dessa maneira vai nos permitir colocar as tensões de lado e focar nossa energia naquilo que podemos controlar.

A Disciplina do Consentimento requer sua atenção. Os estoicos veem o consentimento como um processo de três etapas:

- **Primeiro, algo acontece com você (impressão inicial).**
- **Em seguida, você reconhece o que aconteceu (representação objetiva).**
- **Finalmente, você acrescenta sua própria visão sobre os acontecimentos (juízo de valor).**

É um processo simples, mas que, sem treinamento, muitas vezes nos desorienta. Você já aprendeu várias técnicas, de frases curtas a meditações mais longas, que requerem que você compreenda qual é o momento de usá-las. Se você não percebe a tensão a que está submetendo seu corpo quando alguém diz algo agressivo, como vai se livrar dela?

Veja este exemplo. Quando está sozinho em casa, você ouve um barulho do lado de fora. Ouvir o barulho e perceber sua reação instintiva é a impressão inicial. A representação objetiva é quando seu cérebro diz: "Acabei de ouvir um barulho lá fora". Por enquanto, tudo bem, você simplesmente reconheceu a realidade do evento sem adicionar nada a ele. Mas e se sua próxima etapa, o juízo de valor, levá-lo a perguntar: "Estou em perigo?". Você adicionou este pensamento, que não é necessariamente verdadeiro. É aqui, durante o juízo de valor, que você pode começar a produzir ansiedade e estresse, pensando coisas desagradáveis. A Disciplina do Consentimento pede que você faça uma pausa na segunda etapa. Admita a representação objetiva, mas diga não a quaisquer outros pensamentos que comecem a se construir sobre essa impressão. Dê a si mesmo um espaço para avaliar melhor a situação.

Você é Apenas uma Aparência!

"Você é apenas uma aparência, e de modo algum é aquilo que parecer ser." Essa frase nos foi dada por Epicteto especificamente para ajudar com a Disciplina do Consentimento. Sempre que um juízo de valor irresistível se forma em sua mente, faça uma pausa e repita essa frase. Diga não ao juízo de valor até que o tenha examinado melhor.

Pondo entre Parênteses

Outro método de aplicação da Disciplina do Consentimento é *pôr entre parênteses* a impressão inicial, o que significa separá-la de qualquer outra coisa com o objetivo de suspender o julgamento. Olhe com clareza para o evento, admita o que ele aparenta ser. Depois disso, você pode "dizer mais alguma coisa". Faça perguntas estoicas básicas como: "Está sob meu controle?". Isso permite uma orientação mais clara e um julgamento mais fundamentado.

Isole a Si Mesmo

O exercício é similar ao *isole o presente* da Disciplina do Desejo. Agora estamos trazendo à mente o que é mais importante sobre nós – nossa capacidade de controlar nossos pensamentos, ações, desejos e aversões. Separe mentalmente este seu aspecto do resto do mundo, lembrando-se de que só esta parte de você está plenamente sob seu controle. Pare um momento e pense apenas nesta parte de você; sua vontade, que direciona seus pensamentos e ações. Liberte-se de influências externas para que possa escolher a melhor ação para você.

Sabedoria é a virtude associada com a Disciplina do Consentimento. À luz do que acabou de aprender, como você vê a sabedoria relacionada a essas práticas?

NO MOMENTO

Reveja os exercícios anteriores. Quais deles você pode usar ao longo do dia e quais funcionam melhor como práticas programadas?

_____
_____
_____
_____
_____
_____
_____

CONSENTIMENTO, DESEJO E AÇÃO

No mundo real, a vida é confusa e as disciplinas não se mantêm separadas. A maioria dos desafios exige que você faça um uso adequado do consentimento, ponha o foco em seus desejos da maneira certa e se concentre na melhor ação possível.

E se um estranho grita com você? Você pode se assustar ou ficar vermelho. Você terá que recorrer a práticas como se *você fosse apenas uma aparência* e *abrir parênteses* para evitar julgamentos errados. A Disciplina do Desejo lembra que você não precisa evitar o conflito, mas deve evitar *a má reação* ao conflito. Podemos lembrar a nós mesmos que essa é uma das *infinitas oportunidades* de praticar a virtude. À medida que você opta por reações desse tipo, as *duas missões* vão centralizá-lo e, se você praticou a *meditação matinal*, poderá até mesmo dizer: "Ei, eu sabia que isso poderia acontecer e estou preparado".

As disciplinas podem ser praticadas separadamente e podemos reservar um tempo para trabalhar em cada uma delas, mas no dia a dia precisaremos escolher a melhor prática para cada situação. Quanto mais você pratica, mais suas ferramentas estarão disponíveis quando precisar delas. Essa determinação vai ajudá-lo a superar desafios e a se conservar em harmonia no dia a dia.

> *"Aqui está o que basta para você: o julgamento que você está trazendo para influenciar a realidade neste momento, desde que seja objetivo; a ação que você está levando a cabo neste momento,*

> *desde que seja cumprida a serviço da comunidade humana; e a disposição interna em que você se encontra neste momento, desde que seja uma disposição de alegria em face da conjunção de eventos provocada por uma causalidade externa."*

– Marco Aurélio, Meditações 9:6

Reserve um momento para decidir como você gostaria de praticar as disciplinas. Que exercício você gostaria de praticar amanhã para começar a incorporar a mentalidade estoica?

O OPOSTO DA DISCIPLINA

Técnicas filosóficas são úteis, mas não são o objetivo final. O estoicismo não é uma *checklist* que devemos seguir. Você não pode simplesmente marcar as práticas que já tentou e dizer: "É isso, conquistei o estoicismo". Em vez disso, investigue sua mente. Suas intenções são virtuosas? Você está ganhando perspectivas sobre suas ações? Você está prosperando? Se sim, é porque está exercitando as disciplinas de forma eficaz.

Observe que, à medida que melhoramos, podemos ser tentados a exigir o mesmo de outras pessoas. Reprima esse impulso. Encare o padrão que desenvolveu para si mesmo como algo pessoal. Infelizmente, tenho visto autoproclamados estoicos segregarem as pessoas por seu pensamento ilógico ou inclinação para aceitar emoções negativas. Uma pessoa procurando ajuda em um fórum estoico poderia admitir: "Estou lutando contra a ansiedade e não sei o que fazer". As respostas dadas às vezes são equivalentes a "simplesmente pare de ficar ansioso" ou mesmo "pare de ser tão fraco". Espero que você já seja capaz de entender a insensibilidade dessas respostas. Epicteto disse: "Então, se descobrirmos que somos, ao mesmo tempo, afetuosos e também atentos ao que é racional, podemos declarar com segurança que praticamos o que é certo e bom". À medida que desenvolvemos nosso raciocínio, é também importante que expandamos nossa compaixão, em vez de apontarmos os dedos para aqueles que não seguem o mesmo caminho.

Você está prestes a deixar para trás a formalidade da disciplina pela arte da virtude. Os exercícios que fez têm um objetivo: levá-lo à excelência pessoal, também chamada virtude. Os estoicos consideram a virtude o único bem absoluto, a única coisa que é sempre saudável, o único caminho que lhe permitirá prosperar de forma contínua. Traga consigo seu conhecimento das disciplinas enquanto damos uma olhada no verdadeiro foco dessas práticas mentais.

CAPÍTULO 4
Agindo como um Estoico

"Nunca pare de esculpir sua própria estátua, até que brilhe o esplendor da virtude."

– Plotino, *Enéadas*

Ações Estoicas

No capítulo anterior, você conheceu ferramentas úteis para ajudá-lo a realizar o trabalho de levar a vida. Agora você vai descobrir o tipo de trabalho que está destinado a fazer. Como é você em seus melhores momentos? Como se sente? Que ações realiza? Como se relaciona com as outras pessoas? Ao desvendarmos a virtude, você começará a visualizar o que significa a excelência pessoal para você.

A virtude significa excelência, o melhor exemplo de quem você pode ser. Os estoicos tinham muitas metáforas para descrevê-la. Uma de minhas favoritas vem de Cícero, que disse que os estoicos se referiam à virtude como "amadurecimento". Frutas maduras são frutas no seu melhor momento, mas a fruta só fica madura por pouco tempo. Amadurecimento é uma metáfora notável para a visão estoica da virtude. A virtude moral, como o amadurecimento, não é algo que pode ser depositado em uma conta bancária – você não pode aplicar uma virtude na segunda-feira e retirá-la mais tarde naquela semana. Só podemos ser virtuosos, ou excelentes, em cada momento presente. No minuto seguinte, podemos atingir de novo a excelência ou podemos fracassar. Temos infinitas oportunidades para exercer a virtude.

O filósofo moderno Pierre Hadot define as virtudes do seguinte modo:

- **Sabedoria, "a ciência do que deve ou não deve ser feito".**

- **Coragem, "a ciência do que deve ou não deve ser tolerado".**
- **Justiça, "a ciência do que deve e não deve ser distribuído".**
- **Moderação, "a ciência do que deve ou não deve ser escolhido".**

A antiga escola estoica se referia aos seus ensinamentos como ciência, mas a virtude não é encontrada em uma fórmula: é uma arte. O básico da virtude pode ser ensinado, mas você tem de fazer o trabalho – tanto para melhorar quanto para aprender a se expressar por meio desse trabalho.

Virtudes Estoicas

As práticas encontradas nas disciplinas existem para aprimorar a nossa virtude; a estrutura delas é importante, mas só se as usarmos para reforçar nosso potencial. Uma dançarina de balé pratica todo dia, mas sua arte é encontrada através da combinação de habilidade técnica e expressão pessoal. Trabalhar com a virtude nos abrirá para a arte de viver.

Os estoicos herdaram as quatro categorias de virtude – Sabedoria, Coragem, Justiça e Moderação – de uma história mais profunda. Platão descreveu as virtudes de um modo similar ao que fizeram estoicos mais tardios, mas os estoicos insistiram na ideia de que as virtudes não eram separadas, como espécies diferentes, mas entrelaçadas, como um todo. As virtudes implicavam uma à outra: a Sabedoria é necessária para a Justiça; a Justiça informa a Moderação, e assim por diante. Contudo, pensar sobre as expressões particulares da virtude nos ajudará a encontrar clareza no que diz respeito a nossas opções. Vamos, então, dar uma olhada nessas virtudes e descobrir como podemos trazê-las para nossa vida.

SABEDORIA

A Sabedoria (*sophia*) está mais intimamente associada à Disciplina do Consentimento. Os estoicos consideram a Sabedoria uma arte prática e, em função disso, ela é às vezes traduzida como *prudência*. Sabedoria se coloca em oposição à inconsciência. Somos sábios quando praticamos ações refletidas, ponderadas, que levam a um bom fluxo na vida. Quando pensamos em Sabedoria, pode ser útil observar como ela foi mais tarde subdividida em:

- **bom senso**

- **boa avaliação**
- **perspicácia**
- **discrição**
- **desenvoltura**

O papel fundamental da Sabedoria é conduzi-lo para o bem: concentrar sua atenção em pensamentos, opiniões, desejos saudáveis e aversões. A outra função da Sabedoria é guiar suas decisões sobre as coisas da vida. Devo escolher isto ou aquilo, devo fazer isto ou aquilo?

A Sabedoria requer atenção mental consistente. Você deve se esforçar para examinar seu processo de pensamento. A prática da Sabedoria exige a compreensão de que não precisamos aceitar a primeira reação que surge em nossa mente: podemos criar um espaço entre nossa reação e nossos próximos passos. Tornando a focar nossa atenção na Disciplina do Consentimento, é possível observar como essas práticas se alinham de forma bastante próxima com essa virtude.

Pense no seguinte: quem pode ser considerado como um exemplo de Sabedoria prática em sua vida, e por que essa pessoa lhe chama a atenção?

EXERCÍCIO DE SABEDORIA: DEFINIÇÃO FÍSICA

Este exercício tem como objetivo despi-lo de seus sentimentos pessoais – e talvez irracionais – referentes a seus desejos. Pensar sobre algo que queremos nos ajuda a ter uma ideia clara do exercício. Você quer esses tênis caros? São apenas calçados: o couro se destina a proteger seus pés. Se você comprá-los, eles vão se desgastar, vão ficar manchados e vão acabar virando lixo. Vale realmente a pena se estressar por causa de um par de tênis? Epicteto pediu que seus alunos imaginassem que tinham uma xícara favorita. E o que é essa xícara, no nível mais elementar? É cerâmica. É usada para colocar bebidas. Não é inquebrável. Ele pediu para que os alunos esquecessem pensamentos do tipo "tem uma pintura tão bonita" ou "foi um presente de aniversário" para que fossem capazes de vê-la apenas como uma xícara. Uma xícara pela qual não vale a pena comprometer nosso bom fluxo de vida caso ela se quebre.

Quando algo se apresenta a você, em especial se esse algo aparenta ser arrebatador, pare e defina aquilo da forma mais básica possível. Não acrescente juízos de valor. Afaste a mística em torno da coisa em questão para ser capaz de dar os passos seguintes com a mente limpa.

CORAGEM

Coragem (*andreia*) é o domínio sobre seus medos. Coloca-se em oposição à covardia. A coragem é uma das duas virtudes ligadas à Disciplina do Desejo. Se não continuarmos concentrando nossos desejos e aversões em coisas do mundo externo, mas batalharmos pela virtude, libertaremos nosso poder de agir contra o intolerável. Os estoicos dividem a Coragem em:

- **resistência**
- **confiança**
- **nobreza**
- **alegria**
- **empenho**

Pense em algumas coisas que você evita. Eu costumava evitar o conflito emocional. Como o conflito me trazia ansiedade, eu aprendi a fingir que estava bem ou a tentar fazer o mínimo possível para voltar ao *status quo*. Essa péssima estratégia levou a resultados negativos, tanto na minha vida pessoal quanto na minha vida profissional. As tensões se acumularam até fatalmente chegarem a uma situação crítica. O estoicismo me ensinou que eu não tinha responsabilidade direta sobre as reações de outras pessoas. Só era capaz de controlar como eu pensava e agia; se fizesse isso de forma correta, a probabilidade de que os outros agissem melhor também aumentava. A atitude estoica me deu Coragem. Eu não evitava mais as reações dos outros. Em vez disso, evitava a covardia, a hesitação e o medo. Fazia isso tanto me esforçando para dar o melhor de mim em cada situação quanto tirando o melhor proveito de cada situação. À medida que praticamos a Disciplina do Desejo e Aversão, ganhamos Coragem. Lembre-se, nada pode ser ruim para nós se fizermos o que é certo segundo nossa natureza e se nos esforçamos ao máximo para aceitar nossas circunstâncias.

> **Pense no seguinte:** lembre-se de um período na sua vida em que você demonstrou Coragem. Por que esse momento despertou sua Coragem?

EXERCÍCIO DE CORAGEM: PREMEDITAÇÃO DE DESAFIOS

Sêneca escreveu certa vez: "Algo que já era esperado traz um choque menor". Uma prática estoica comum consiste em visualizar o pior cenário possível em uma determinada situação. Isso ajuda a limpar a mente. Quando vemos o desafio de um ponto de vista estoico, se um evento similar ocorrer no futuro, poderemos nos concentrar mais facilmente em viver de modo virtuoso.

Visualize um evento que você gostaria de evitar. Que detalhes específicos tornam esse evento uma preocupação? Eles estão sob seu controle? Se não estão, o que está sob seu controle? Qual seria o melhor meio de enfrentar esse desafio? Quem você seria depois de sobreviver a isso?

JUSTIÇA

Justiça (*diakaiosunê*) diz respeito à Disciplina de Ação. A ideia de Justiça estoica é mais ampla do que nossa definição comum da palavra; significa mais do que apenas cumprir a lei. Às vezes é traduzida pelos estoicos como *moralidade*, pois abrange todas as nossas interações com os outros. O estoicismo ensina que todas as pessoas são valiosas e destinadas a trabalhar juntas. A justiça estoica nos ensina a trabalhar com os outros, mesmo que eles às vezes se oponham a isso.

Crisipo (citado por Cícero em *De Officiis*) fornece parte da ideia que está por trás do termo na seguinte citação: "Aquele que está participando de uma corrida deve se esforçar, se empenhar com o máximo de sua capacidade para sair vitorioso; mas é totalmente errado fazer o concorrente tropeçar ou empurrá-lo. Na vida, portanto, não é injusto que alguém busque para si o que possa resultar em seu benefício, mas não é certo tirá-lo de outras pessoas". Nesse exemplo, estamos competindo com outros, mas temos de garantir que a competição seja justa.

Justiça equivale à cooperação. Como diz Marco Aurélio: "Somos feitos para a cooperação, como os pés, como as mãos, como as pálpebras, como as arcadas dentárias superior e inferior. Agirmos uns contra os outros, então, é contrário à natureza". Encontramos esse vínculo em algumas das palavras que os estoicos escolheram para descrever a Justiça:

- **honestidade**
- **equidade**
- **jogo limpo**
- **boa vontade**
- **benevolência**
- **gentileza**

Mostrar-se correto com os amigos é natural, mas e com os inimigos? O estoicismo diz que não devemos ficar irritados ou com raiva dos que agiram errado conosco. É uma máxima estoica que ninguém é voluntariamente mau. Quem nos insulta ou rouba está fazendo isso porque acha que está fazendo algo bom para si mesmo. Epicteto diz que um estoico há de ser "paciente, gentil, delicado e misericordioso, inclusive com alguém em estado de ignorância, que cometeu um erro ao se defrontar com coisas importantes". Ele não será duro com ninguém, pois terá compreendido perfeitamente as palavras de Platão: "Toda alma é privada da verdade sem querer".

> **Pense no seguinte:** como seriam seus relacionamentos se suas ações tivessem por base a compreensão estoica da Justiça?

EXERCÍCIO DE JUSTIÇA: A ARQUEIRA

Quando trabalhamos pela Justiça, geralmente queremos um determinado resultado. O estoicismo preconiza que suas ações devem ser justas mesmo que você nunca alcance os resultados que espera. Uma imagem que pode ajudar a desenvolver essa atitude é a de uma arqueira. Imagine uma arqueira. Ela escolhe um alvo. Ela puxa o arco. Ela solta a flecha. Que parte desta situação a arqueira controla? Uma rajada de vento pode desviar a flecha do alvo. O alvo pode se mover. A arqueira tem de se concentrar não em acertar o alvo, mas em atirar em linha reta.

Essa é uma imagem da virtude. Como você visa aos resultados apenas, entenda que o que você controla são apenas suas intenções e as ações derivadas delas. Concentrar-se em suas próprias ações lhe dará a melhor oportunidade de alcançar objetivos externos.

MODERAÇÃO

Moderação (*sôphrosunê*) é o controle sobre os desejos e, juntamente com a Coragem, é um resultado esperado da prática da Disciplina do Desejo. A moderação se coloca em oposição ao excesso. Se desejamos apenas a virtude, podemos ser razoáveis no que queremos e generosos com o que nos foi dado. A moderação pode ser dividida em:

- **adequação**
- **modéstia**
- **autocontrole**

Os estoicos encaravam a vida como um banquete. Imagine-se em uma festa onde o anfitrião oferece grande fartura de comida e bebida. Pense em vinhos caros, pratos de dar água na boca e sobremesas espetaculares. Todos estão pegando pratos e copos e avançando nervosos para enchê-los. Como você vai agir? Vai empilhar comida no seu prato para não correr o risco de perder alguma coisa? Vai encher o copo até a borda sabendo que a quantidade de um determinado vinho é reduzida e que todos querem provar dele? Se você deixar de comer a sobremesa que está cobiçando, isso vai arruinar sua noite? Se conseguir chegar até ela a tempo, vai se servir de uma quantidade tão grande a ponto de fazer com que não seja suficiente para todos? Epicteto diz que um estoico não desejará essa sobremesa antes que lhe seja servida e que, portanto, não se perturbará se isso nunca acontecer. Se, no entanto, a sobremesa vier, ele não se servirá tanto dela a ponto de deixar que outros não consigam prová-la. Além disso, quem realmente entende o estoicismo, poderá preferir deixar passar a sobremesa, mesmo que a sobremesa chegue até ele. Esses estoicos, afirma Epicteto, são dignos de governar com os deuses! A metáfora do banquete deve ser aplicada a todas as nossas interações. Se direcionarmos nosso desejo para sermos o que temos de melhor, não vamos nos concentrar em conseguir coisas, mas sim em usar as coisas que já temos.

Outro meio de compreender a moderação é pensar em si mesmo como um hóspede na casa de outra pessoa. Como você encara as coisas quando sabe que só as está pegando emprestado? Todas as coisas são impermanentes. O que temos hoje ficará gasto, pode quebrar ou ser roubado, e não será seu para sempre. Se você vive como se as coisas fossem permanentes, estando em um mundo onde isso nunca é verdade, vai sofrer ao perdê-las. Essa dor tem origem em pensamentos fantasiosos. Se presumirmos que uma boa saúde é nosso direito, mesmo um simples resfriado vai parecer injusto e não reagiremos nada bem a ele. Se acreditamos que nosso emprego vai durar para sempre, uma dispensa vai nos arrasar. Mas não tem de ser assim. Se aceitarmos que as coisas nos pertencem só por algum tempo, poderemos nos sentir felizes enquanto as possuímos e não desmoronar quando elas se forem.

> **Pense no seguinte:** você consegue identificar uma área de sua vida em que a Moderação teria um grande impacto?

EXERCÍCIO DE MODERAÇÃO: AMOR FATI*

Como vimos na Disciplina do Desejo, o amor ao destino é uma atitude fundamental para construirmos a Moderação em nossas vidas.

Pare por um momento para recordar uma época da sua vida em que as coisas não estavam se dando da forma como você queria, mas no final acabaram dando certo. De que forma o desafio perturbou suas emoções positivas? Poderíamos, em retrospecto, aplicar uma atitude estoica à situação? Como essa atitude afetaria nossos desejos e nossas aversões?

O OPOSTO DA VIRTUDE

À medida que vamos descobrindo o que a virtude significa para nós, é útil ter algo para nos avaliarmos com relação a ela. Em uma de suas cartas, Sêneca descreve o estoicismo da seguinte maneira: "Nenhuma escola tem mais bondade e gentileza; nenhuma tem mais amor pelos seres humanos

---

* **Amor Fati** é uma expressão latina que significa "amor ao destino". Indica, no estoicismo, a aceitação integral do destino humano, mesmo se ele for implacável. (N. do T.)

nem mais atenção ao bem comum. O objetivo que nos é atribuído é o de sermos úteis, ajudar outros e cuidar não só de nós, mas de todos em geral e de cada um em particular". Pode ser difícil identificar nossas próprias falhas. Não temos o auxílio de um professor estoico que possa apontar nossos pontos fracos e nos pressionar para sermos melhores. Voltemos, então, vez por outra, à descrição de Sêneca. Estamos nos tornando pessoas que se enquadram na sua descrição? Se sim, estamos fazendo um ótimo trabalho. Continuemos assim.

NO MOMENTO

Os estoicos procuravam modelos de virtude nas pessoas que conheciam, em figuras famosas do passado e até mesmo nos mitos.

Que pessoa, ou mesmo personagem fictício, melhor exemplifica para você uma vida bem vivida?

INDIFERENTES

Quando os estoicos dizem "a virtude é o único bem", eles estão falando sério. Os estoicos colocam tudo, qualquer coisa que não seja uma opinião moral, um pensamento ou ação numa categoria chamada os "indiferentes". Não se trata de uma categoria emocional, que possa ser confundida com "indiferença"; nunca é sugerido que nos desliguemos da vida. Rotular tudo que foge ao nosso controle como "indiferente" indica nosso reconhecimento de que tais coisas, em si mesmas, não podem fornecer uma felicidade duradoura. Ainda assim, levamos nossa vida e temos de tomar decisões sobre como vivê-la. O estoicismo nos diz que existem coisas que, sendo tudo que há em volta igual, faria sentido preferir sobre outras. Preferir, por exemplo, saúde e bem-estar físico em vez da doença. Os estoicos chamam as coisas que geralmente nos beneficiam de *indiferentes preferenciais* e coisas que muitas vezes são prejudiciais às pessoas de *indiferentes não preferenciais*.

Aqui está uma lista de coisas indiferentes feita por Epicteto:

- **seu corpo**
- **sua propriedade**
- **sua reputação**
- **seu trabalho**
- **tudo o mais que não for de sua responsabilidade**

Mas essas coisas não importam? É claro que sim! O valor delas, no entanto, é bem diferente do valor da virtude. A sabedoria atua sempre em seu benefício. A coragem sempre o ajudará. Seu trabalho? É muito bom receber um salário, mas um emprego também pode implicar em demandas de seu tempo capazes de prejudicar seu bem-estar. Você pode pensar que seu corpo está envolvido em sua felicidade de forma bem direta – e de fato está! Mas você também pode recordar momentos em que seu corpo, ou como você resolveu usá-lo, atrasou sua vida. Os indiferentes estoicos lhe dão clareza. Reconhecer algo como indiferente nos ajuda a olhar além da própria coisa, para o modo como a utilizamos. Nossas opções sobre coisas indiferentes contribuem para uma vida saudável.

Pedi muitas vezes para que você dividisse as coisas em o que está sob seu controle e o que não está sob seu controle. Esse exercício separa *você* dos indiferentes. À medida que nos desenvolvemos nessa prática, compreenderemos que as coisas que não controlamos também não têm controle sobre nós, mas opiniões, pensamentos e ações resultam de opções nossas e nada nem ninguém pode influenciá-los sem o seu consentimento. Isto mudará seu relacionamento com indiferentes; você descobrirá que o valor que possuem não é encontrado dentro deles, mas está baseado em como você optou por utilizá-los.

REFLEXÃO

"Se não sabemos para que porto estamos navegando, nenhum vento é favorável."

— SÊNECA, CARTAS DE UM ESTOICO 71

Estamos tentando chamar a atenção para o que temos de melhor. Em diferentes áreas da vida – nossos pensamentos (Consentimento), nossas vontades (Desejo) e nossas opções (Ação) – estamos a cada momento tentando mostrar excelência. Pode ser útil visualizar este nosso eu proeminente, nosso eu virtuoso.

- Quem você vê quando imagina o que tem de melhor?

- O que se coloca entre você e este seu "outro" eu?

- Que passos você pode dar para se aproximar dessa visão? Um lembrete final: o estoicismo diz que seu eu virtuoso já existe; você pode, se optar por isso, escolher agora mesmo essa versão de você mesmo.

QUAIS SÃO OS SEUS PRINCÍPIOS?

As disciplinas e as virtudes deram a você uma compreensão da atitude estoica, com seus princípios e suas prioridades particulares. E os seus, quais são? O que você mais valoriza? Você está correndo atrás do quê? Quando pensa no assunto, você acha que as ações que tem praticado são as ações corretas para levá-lo aonde você quer ir?

Que partes do pensamento estoico mais se aproximam daquilo em que você já acredita? Como passou a acreditar nisso?

_____

_____

_____

_____

Que partes do pensamento estoico se chocam com seus princípios atuais? O que você teria de mudar para ter uma atitude mais estoica?

_____

_____

_____
_____
_____
_____
_____
_____
_____
_____
_____
_____

Avaliação das Virtudes

Reserve um momento para pensar em suas interações diárias. Em uma escala de 1 a 5, com 1 significando "de forma alguma" e 5 significando "regularmente", até que ponto você manifesta cada uma das virtudes em sua vida?

Sabedoria _____

Coragem _____

Justiça _____

Moderação _____

Na Parte III, ao olharmos mais a fundo para a psicologia estoica, você usará o que aprendeu para cultivar o pensamento positivo, interromper a negatividade e revelar o que tem de melhor. Descobrirá novos métodos para moldar sua vida emocional. Entrará também em um campo mais pessoal, examinando suas relações com a família, com os amigos e com o restante do mundo. Tudo isso requer que você leve consigo as disciplinas e as virtudes para que possa levar esses métodos para além da teoria e transformá-los em algo impactante. Vamos mergulhar.

PARTE III

ESTOICISMO PARA A VIDA

CAPÍTULO 5
Cultivando Positividade

"A verdadeira felicidade é aproveitar o presente, sem dependência ansiosa do futuro, para não nos distrairmos com esperanças ou medos, mas ficarmos satisfeitos com o que temos, que é suficiente, pois quem é assim nada quer. As maiores bênçãos da humanidade estão dentro de nós e ao nosso alcance. Uma pessoa sábia está contente com sua

sorte, seja lá qual for, sem desejar o que não tem."

– Sêneca, *Sobre a Vida Feliz*

Pensamentos Positivos

Tanto os gregos quanto os romanos acreditavam na deusa Fortuna e cultuavam essa divindade, uma mulher bela e cega que distribuía e subtraía presentes das pessoas que encontrava. Em uma história chamada "A Tábua de Cebes", Fortuna é vista entre uma multidão, parte das pessoas tristes e outra parte delas alegres. Os felizes tinham acabado de receber seus presentes e a chamavam de "Boa Sorte". Os que haviam perdido seus presentes estavam desanimados e a chamavam de "Má Sorte".* Os estoicos diriam que se você constrói sua vida emocional em torno das dádivas da Fortuna, nada haverá de constante em sua vida. Como você pode ter alguma certeza da felicidade se ela pode lhe ser roubada a qualquer momento? Não seria

---

* No original, "Bad Fortune" ("Má Sorte") e "Good Fortune" ("Boa Sorte"). A palavra "Fortune", o nome dado à divindade no original em inglês ("Fortuna", em português), é o termo mais comumente usado em inglês para indicar a ideia de "sorte" (boa ou má). (N. do T.)

melhor encontrar uma felicidade segura? O estoicismo nos treina para afastar nosso bem-estar emocional das dádivas indiferentes da Sorte e para centralizá-lo na virtude e em nossos melhores esforços, que estão firmemente sob nosso controle.

Neste capítulo, você aprenderá a tirar proveito das disciplinas e, ao concentrar-se em sua virtude, cultivará a positividade. Vai desenvolver uma prática mental que permite que floresçam o contentamento, a alegria e o amor. Fará isso por meio de uma compreensão ainda mais profunda daquilo que pode controlar, o que lhe permitirá confrontar as responsabilidades da vida sem deixar que elas abalem suas emoções.

Foco: O Que Você Pode Controlar

> *"Certas coisas estão sob nosso controle e outras não. As coisas sob nosso controle são a opinião, a busca, o desejo, a aversão, enfim, tudo o que represente nossas próprias ações. As coisas que não estão sob nosso controle são o corpo, a propriedade, a reputação, nossa posição social, enfim, tudo o que não represente nossas próprias ações."*
>
> – Epicteto, *Enchiridion* 1

Abordamos extensivamente sobre as "coisas que controlamos", mas vamos examinar melhor esta ideia. A citação acima reproduz as primeiras linhas do *Enchiridion*, um manual desenvolvido a partir dos ensinamentos de Epicteto. Essa prática, de separar aquilo que controlamos daquilo que não controlamos, é fundamental para a perspectiva estoica. Nós a chamamos de Dicotomia do Controle. Todas as práticas estoicas requerem que separemos o que controlamos de tudo o mais, e "tudo o mais" é muita coisa!

Epicteto lista quatro categorias de elementos que controlamos diretamente:

- **nossas opiniões sobre a vida**
- **o que buscamos na vida**
- **o que queremos**
- **o que não queremos**

Todas estão ligadas a uma outra expressão, que já usamos antes: juízos de valor. Seus valores, e o que você tenta fazer devido a esses valores, permanecem intimamente seus.

Tudo mais está fora de seu controle, na categoria dos indiferentes. Epicteto começa sua lista de indiferentes com o próprio corpo. Seu corpo está, é claro, relacionado de forma muito próxima com o que você controla, mas será que você é sempre capaz de garantir sua saúde? Poderia uma doença ou ferimento remover parte desse controle? Quando falam de controle, os estoicos se referem a estar *totalmente* sob nosso controle. Portanto, até mesmo seu próprio corpo é um indiferente, porque as circunstâncias podem alterar sua capacidade de usá-lo. A metade final do primeiro capítulo do *Enchiridion*, escrita por Epicteto, explica o raciocínio:

> *"As coisas sob nosso controle são por natureza livres, desenfreadas, desimpedidas; mas as que não estão sob nosso controle são fracas, servis, contidas por pertencerem a outros. Lembre-se, então, que se você acredita que as coisas que têm uma natureza subordinada também são livres, e o que pertence a outros é seu, você será contido. Lamentará, será perturbado e encontrará falhas tanto nos deuses quanto nos homens. Mas se você supõe que apenas seja seu o que de fato é seu, e que o que pertence a outros é realmente deles, ninguém jamais vai forçá-lo ou reprimi-lo. Além disso, você não encontrará falhas em ninguém nem acusará ninguém. Você nada fará contra a sua vontade. Ninguém o machucará, você não terá inimigos e não será prejudicado".*

Não existe um meio-termo de "mais ou menos sob seu controle" na prática em preto-e-branco da Dicotomia do Controle. Ou algo está cem por cento sob seu controle ou é um indiferente. Se você depositar seu bem-estar emocional em algo que a Fortuna possa tirar de você ou que nunca vá lhe dar, você permanecerá sempre vulnerável aos altos e baixos da vida. Se, em vez disso, você obtém a felicidade a partir das coisas que possui, poderá desfrutar, enquanto as tem, da felicidade e das dádivas que a vida lhe oferece.

Tudo o que você aprendeu até agora o ajudará a se concentrar naquilo que você controla:

- **A Disciplina do Desejo transfere seus afetos das *coisas* da vida para sua virtude, para a forma como você caminha pela vida.**

- **A Disciplina da Ação orienta você a parar de buscar um objetivo final específico e que, em vez disso, faça, a cada etapa, seu melhor movimento.**

- **A Disciplina do Consentimento ajuda você a superar interpretações erradas de suas circunstâncias para que você aborde a vida com clareza.**

À medida que você pratica as disciplinas, sua mente começará a criar espaço para que floresçam emoções positivas. Vamos revisar mais algumas técnicas para concentrá-lo naquilo que você controla.

NO MOMENTO

"Aprenda a perguntar, acerca de todas as ações: 'Por que eles estão fazendo isso?' Começando por suas próprias ações."

– Marco Aurélio, *Meditações* 10:37

Lembre-se: a única coisa que você controla é você mesmo. Enquanto aprende a buscar um bom fluxo de vida, olhe primeiro para suas próprias escolhas, antes de julgar as ações dos outros.

Você Decide

A Dicotomia do Controle lhe pede para decidir o que *realmente* compete a você. Em toda situação, lembre-se de que você possui seus juízos de valor e suas decisões – você os controla. Suas opiniões, suas escolhas, seus desejos e suas aversões permanecem com você; todo o resto cai na categoria de indiferente. Ao aceitar isso, você se torna livre para agir com excelência e virtude em todos os momentos. Você

ainda usará as coisas indiferentes da vida da melhor maneira possível, mas ganhá-las ou perdê-las não afetará sua harmonia. Permanecer focado nas coisas certas abre espaço para a positividade e a resiliência diante dos altos e baixos da vida.

Isso Nada Significa para Mim

Outra frase que os estoicos mantêm na ponta da língua é "isso nada significa para mim". Sempre que algo começa a ocupar muito espaço mental, pense nessa frase. Por exemplo, digamos que amanhã você saberá se conquistou ou não uma promoção no seu trabalho. Se a expectativa quanto a isso cria em você sentimentos de preocupação ou de ansiedade, ela está roubando as emoções positivas que você poderia estar experimentando neste momento. Reformule, então, a expectativa: "Essa promoção nada significa para mim". Ou seja, a promoção não afetará sua capacidade de viver com virtude e de dar o melhor de si. A natureza radical da ideia "isso nada significa para mim" é capaz de levar seus pensamentos de volta à Dicotomia do Controle, para *isolar* você e

o momento presente, para disciplinar o desejo, a ação e o consentimento. Como você não é capaz de controlar essa situação futura, não deixe que ela afete sua felicidade atual.

Foi Devolvido

> *"A única posse da pessoa sábia é a virtude, que nunca pode ser roubada dela. Tudo mais ela só possui por empréstimo."*
>
> – Sêneca, *Sobre a Firmeza do Homem Sábio*

Outra frase que o ajudará é: "Foi devolvido". Os estoicos ensinavam que todos os indiferentes devem ser vistos como empréstimos concedidos a nós. Tudo muda, tudo é mortal, nada permanece para sempre. Como esses pensamentos protegem sua positividade? Bem, o que o coloca numa encrenca é agir como se as coisas fossem permanentes. Se você esperava que alguma de suas coisas prediletas fosse sua para sempre, no momento que ela se quebra, é perdida ou roubada, surge a negatividade. O estoicismo o aconselha a dizer "foi devolvido" sempre que algo se vai ou é perdido, desaparecendo para sempre. Esta perspectiva, uma visão da impermanência, nos protege contra o choque da mudança e também nos ajuda a aproveitar ao máximo os dons da vida quando eles surgem diante de nós. Aceitar que nada dura para sempre nos ajuda a nos ocuparmos das coisas presentes no momento.

O Que Você Pode Controlar?

Partindo de um ponto de vista estoico, observe a lista abaixo e defina o que está sob seu controle e o que está fora de seu controle.

- **Você está preso em um engarrafamento.**
- **Você está com raiva porque está atrasado para o trabalho.**
- **Seu amigo está triste por causa de uma separação recente.**
- **Você está ansioso por causa de uma palestra que terá de fazer.**
- **Seu filho está doente.**
- **Ocorreu uma tragédia em sua comunidade.**
- **Você se sente culpado por algo que fez ontem.**

- **Seu voo está atrasado.**
- **Você está indignado com algo que acabou de ler.**
- **Seu braço está quebrado.**

ASSUMIR RESPONSABILIDADE

Ter consciência sobre o que você controla não o livra das obrigações da vida. Você precisa comer. Você prefere ter um teto sobre sua cabeça. Você tem amigos e uma família que ama e que quer ajudar. Então, como você pode interagir com os indiferentes sem ficar soterrado por eles? Bom, você já tem muitas ferramentas para usar! Já aprendeu sobre a *cláusula de reserva* e as *duas missões*, que podem ajudá-lo a seguir em frente sem se esquecer de que não pode abrir mão do que você tem de melhor. *A arqueira* nos lembra como devemos concentrar nossas ações sem ficarmos obcecados com o resultado. A *premeditação de desafios* e a *oportunidade infinita* ajudam a nos manter confiantes de que, sejam quais forem os desafios que tenhamos pela frente, podemos agir com excelência. O estoicismo nos permite agir sem nos sentirmos oprimidos por falsas expectativas. É dessa forma que a Dicotomia do Controle é libertadora: ela nos lembra que não podemos controlar os resultados, mas que podemos apenas agir da melhor maneira possível. Se nos concentramos em nossas ações, vemos que estamos fazendo todo o possível para conseguir o que queremos e encontramos alegria nesse fato, independentemente do resultado final.

Trabalhei como gerente de abrigos na cidade de Nova York durante as ocorrências relacionadas ao furacão Sandy. Em um desses locais, as doações incluíam alimentos que nem todos os abrigados podiam comer. Havia presunto misturado em tudo, dos ovos do desjejum às vagens da noite, e algumas das famílias tinham objeções religiosas relacionadas a esse alimento. Solicitei para que a comida passasse a ser adequada a todos ou que fosse mais variada, de forma a atender às diferentes necessidades. Como isso não aconteceu, recusei-me a aceitar as doações.

Para mim, tudo se resumia a uma questão de justiça. Todas as famílias do abrigo tinham perdido suas casas e precisavam economizar dinheiro. Fornecer refeições permitia que as pessoas economizassem, mas alguns desabrigados estavam sendo obrigados a comprar todas as suas refeições com recursos próprios. Meu trabalho incluía servir a todos, e eu só poderia fazer isso se alguma coisa mudasse. Contudo, quando me recusei a aceitar doações, meu trabalho como gerente foi ameaçado. Eu tive de decidir se tomar a providência em que acreditava compensava a perda de meu cargo. Lembrei-me de que eu só tinha controle sobre o fato do meu trabalho ser ou não bem executado – isto é, executado de forma virtuosa – e que competia a outra pessoa a responsabilidade de me manter no cargo ou me mandar embora. Decidi, então, ficar com minhas convicções.

Optar pela ação correta foi profundamente satisfatório, e a convicção de ter feito realmente o melhor que podia sem dúvida me tranquilizou. No fim, as refeições foram alteradas para atender às necessidades de todos, e eu continuei a trabalhar como gerente. Ambos os resultados foram o que eu queria, mas eles permaneciam fora do meu controle – o fato é que minhas ações teriam continuado impecáveis a despeito do resultado final.

Concentrar sua energia no que você pode controlar enquanto estiver praticando as disciplinas estoicas o ajuda a encontrar estabilidade mental e emocional apesar dos altos e baixos da vida. Isso o libera para se envolver com o mundo ao seu redor amparado pelo conhecimento de que você sempre pode prosperar, desde que permaneça fiel à sua virtude. Outro benefício de uma saudável perspectiva mental é que tal atitude abre espaço para o florescimento de estados mentais positivos. Vamos agora dar uma olhada nessa dinâmica.

NO MOMENTO

Há momentos em que as coisas "dão errado", mas mesmo assim você se sente feliz porque se manteve forte, perseverou e continuou fiel a si mesmo.

- Você consegue se lembrar de alguma vez em que não conseguiu o que queria, mas, ainda assim, se sentiu feliz graças a quem você era no momento?

- Quais foram os elementos presentes nas suas atitudes ou ações que lhe deixaram satisfeito?

Cultivando Pensamentos Positivos

Se quisermos experimentar a beleza de uma flor por um dia, podemos colhê-la e colocá-la em um vaso. Se quisermos desfrutar dessa beleza durante toda a temporada, é melhor plantar um jardim. As pessoas costumam buscar experiências e ficam excessivamente focadas em controlar tanto o ambiente onde ocorrem essas experiências quanto das pessoas presentes em torno dele, tudo na esperança de extrair disso tudo uma centelha de alegria. É como colher uma flor: você pode conseguir o que quer, mas não consegue conservá-lo. Mas se quisermos felicidade duradoura, organizemos adequadamente o que está dentro de nós – não as coisas ao nosso redor. Dessa forma poderemos não só experimentar alegria, tranquilidade, boa vontade e tantas outras emoções positivas, mas também experimentar esses estados de forma permanente.

O segredo é não visar diretamente à felicidade – porque ela não é um destino. A felicidade simplesmente nos acompanha em nossa jornada quando nossas viagens são virtuosas. Cultivamos a positividade vivendo o *bom fluxo de vida* que discutimos anteriormente. Ao trabalharmos em nós mesmos, criamos uma vida na qual bons pensamentos e bons sentimentos podem prosperar. Marco Aurélio se lembrava disso sempre que se sentia fora de sintonia com o mundo. Em *Meditações* 4:3 ele escreveu: "As pessoas tentam fugir disso tudo – fugir para o campo, para a praia, para as montanhas. Você sempre se lamenta quando não pode fazer isso. O que é idiotice: você pode fugir de tudo na hora que quiser. Indo para dentro. Você não poderia ir para um lugar mais pacífico – mais livre de interrupções – que sua própria alma. Em especial se puder contar com outras coisas. Como a recordação de um instante. Aí está: completa tranquilidade. E por tranquilidade quero dizer uma espécie de harmonia". Marco Aurélio diz que a paz será mais fácil se você puder "contar com outras coisas". O que seriam essas coisas? São as próprias ferramentas estoicas que já discutimos. Seu primeiro passo para cultivar a positividade é lembrar-se de permanecer no caminho estoico.

> *"Frente a cada desafio, lembre-se dos recursos que você já tem dentro de você para lidar com ele."*
>
> – Epicteto, *Enchiridion* 10

Sempre que você se deparar com um obstáculo, comece com uma autoavaliação. Prevê um desafio? Tenha coragem. Alguém é irritante? Tenha paciência. Faça uma pausa para recorrer a suas capacidades, lembrando-se de só aplicar essas energias no que você pode controlar. Essa atenção o mantém no caminho virtuoso, onde reside a felicidade. Ao seguir este curso na vida, você desfrutará da obra de ser você mesmo. Os estoicos se orgulham dos momentos em que estão se empenhando ao máximo, pois *sempre* podemos optar por agir assim. Isto coloca seus êxitos firmemente sob seu controle. Se você pode fazer isso, nunca poderá se sentir frustrado. A tranquilidade que vem dessa atitude cria o espaço onde floresce a positividade.

A prática estoica consistente desenvolve nosso estado de espírito, fazendo crescer a positividade. Pensando na Disciplina do Consentimento, os estoicos dizem que primeiro algo nos acontece (impressão inicial). Em seguida reconhecemos o que aconteceu (representação objetiva). Finalmente acrescentamos nossa própria visão aos eventos (um juízo de valor). Se nossos juízos de valor forem prejudiciais, vamos experimentar estados mentais negativos (os estoicos chamam-nos de *paixões*; veja mais sobre o assunto no Capítulo 6, p. 141). Se os nossos valores estão alinhados com a sabedoria, experimentaremos *boas paixões*. Os estoicos escreveram sobre três boas paixões que fluem de uma mente racional que possui juízos de valor saudáveis. Chamaram-nas de Alegria, Desejo e Cuidado.

ALEGRIA

A alegria é uma exaltação mental moderada baseada em julgamentos adequados relativos à vida. Alegria é deleite, bom ânimo e serenidade. A alegria está focada no presente. Temos alegria na vida que estamos vivendo hoje. Se confinamos nossos desejos e aversões às coisas que controlamos, se isolamos o presente para viver o momento, a alegria borbulha. Se um amigo nos visita, aproveitamos o tempo que temos disponível com ele. Sim, ele depois vai embora, mas não ficaremos tristes porque vivemos o momento e esse momento é alegre. Quando nosso amigo vai embora, agradecemos pelo tempo que passamos juntos e procuramos coisas novas que possam nos interessar.

DESEJO

O desejo, às vezes chamado de "vontade", indica um esforço razoável para a obtenção de coisas na vida. O esforço é focado no futuro e o Desejo envolve nossas esperanças para o futuro. Esse estado de espírito está ligado à Disciplina da Ação, onde nosso esforço é socialmente dirigido; lembre-se, o estoico trabalha para o bem da comunidade, não dele próprio. Os estoicos subdividiram o desejo em afeto, bondade e benevolência, palavras que iluminam o aspecto social desta boa paixão, pois cada uma delas se apoia em nosso relacionamento com os outros. Esse estado emocional é cultivado por meio de práticas como a cláusula de reserva ("se nada o impedir..."/ "não havendo impedimentos..."). Você tem desejos razoáveis para o mundo e seu futuro, mas está voltado para *como* trabalha para atingir esses objetivos, e não especificamente para os resultados.

CUIDADO

Cuidado, também traduzido como discrição, é uma forma razoável de evitar algo. Como lições anteriores já deixaram claro, um estoico pretende apenas evitar o vício, o oposto da virtude. Sendo um estado mental focado no futuro, o Cuidado nos ajuda a fazer planos razoáveis, pois podemos participar de qualquer coisa, desde que nossa virtude seja promovida e a possibilidade de vício evitada. Imagine um grande protesto, do qual você se sentiu compelido a participar, mas que passou a ser considerado um evento perigoso. O medo pode impedi-lo de ir adiante. O cuidado diria que sim, seria preferível ficar em casa, mas o fato é que é ainda melhor promover a justiça. Sua escolha final se resumiria em saber que ações permitiriam que você desse o melhor de si.

Esses estados mentais positivos ultrapassam a emoção: se invocamos, de modo consistente, a Alegria, o Desejo e o Cuidado, a positividade brotará deles. Ao mesmo tempo, a consistência da mente estoica torna muito mais difícil que prosperem as emoções negativas. Se concentramos nossa mente na virtude e nos mantemos disciplinados de forma adequada, pensamentos e sentimentos negativos não criarão raízes com facilidade e nossa prática diária nos ajudará a eliminar qualquer coisa que se mova sorrateiramente.

"As pessoas não se sentem incomodadas com as coisas, mas, sim, com a opinião que têm sobre elas."

– Epicteto, *Enchiridion* 5

"Eu hoje escapei da ansiedade. Ou melhor, eu a descartei, porque ela estava dentro de mim, em minhas próprias percepções – não fora."

– Marco Aurélio, *Meditações* 9:13

"O que é uma vida feliz? É paz de espírito e tranquilidade perene. Será sua se você possuir grandeza de alma; será sua se você possuir a firmeza que se apega, de forma resoluta, ao bom julgamento que acabou de alcançar."

Sêneca, *Sobre a Vida Feliz*

REFLEXÃO

"Vamos dormir com alegria e felicidade; podemos dizer 'eu vivi; o curso que a Sorte estabeleceu para mim está terminado'. E se Deus quiser adicionar outro dia, devemos recebê-lo com o coração feliz. É mais feliz, e se sente tranquilo por ter domínio de si mesmo, quem pode esperar o dia seguinte sem apreensão. O homem que, ao se levantar toda manhã, diz "eu vivi!", recebe uma gratificação."

— Sêneca, *Cartas de um Estoico* 12

Os estoicos costumavam levar ao extremo sua filosofia focada no presente e encarar cada dia como o último dia. Sêneca afirma que esta prática pode nos libertar da ansiedade acerca do futuro, nos permitindo despertar e saudar o novo dia como uma dádiva. Experimente esta noite a técnica de Sêneca e trate o dia de hoje como um encerramento, um rompimento total e absoluto com o futuro.

Quando estiver pronto para dormir, diga a si mesmo: "Eu vivi; o trajeto que a Sorte estabeleceu para mim está cumprido". Use esse pensamento

para romper quaisquer fios de ansiedade que possam ligá-lo ao amanhã.

Pensando no amanhã, o que significaria um dia de fato renovado? Esse dia não seria uma continuação de projetos e desafios passados, mas uma coisa nova, pura? Quem poderíamos ser no decorrer desse novo dia?

À medida que cultivamos a positividade, também desenvolvemos resiliência emocional.* Se nos concentramos na virtude, seremos naturalmente resistentes a pensamentos nocivos, porque a raiva, o medo, o desespero e outros pensamentos desse tipo tem todos origem em juízos de valor incorretos. No capítulo seguinte, vamos examinar mais de perto o lado sombrio da vida para que você possa usar suas ferramentas para combater pensamentos negativos quando for preciso e, em termos ideais, para que aprenda a deter esses pensamentos e sentimentos antes que eles se manifestem.

---

* Ou seja, uma flexibilidade emocional, uma capacidade de reagir de modo positivo nas mais diferentes (e difíceis) situações. (N. do T.)

CAPÍTULO 6
Praticando a Resiliência Emocional

> *"O invulnerável não é algo que nunca é atingido, mas algo que nunca é ferido; a partir disso, vou lhe mostrar a pessoa sábia."*
>
> – Sêneca, *Sobre a Firmeza do Sábio*

Domando Pensamentos Negativos

Neste capítulo, concentraremos nossas ferramentas – as disciplinas e as virtudes – em algo contra o qual todos lutam: o pensamento negativo. Você aprenderá a domesticar pensamentos negativos e até mesmo a descartá-los por completo. E descobrirá que a resiliência emocional e o cultivo de emoções positivas são dois lados da mesma moeda. Todos enfrentam desafios, mas cada um de nós tem de decidir como reagir a eles. Concentrando nossa energia no que podemos controlar e colocando nossa virtude sempre em primeiro lugar, podemos manter uma atitude positiva até mesmo nas mais difíceis circunstâncias. E o que fazer quando a negatividade se infiltra? Bem, aí nos recuperamos e voltamos com rapidez ao bom fluxo da vida.

Quando Coisas Ruins Acontecem

A teoria emocional estoica volta sempre aos juízos de valor. Já aprendemos como pode ser prejudicial contar com os indiferentes. Da mesma forma, surgem emoções negativas quando concentramos nossos desejos ou aversões nas coisas erradas. Por exemplo, ficamos com raiva quando não podemos ter o que queremos; ficamos tristes quando perdemos alguma coisa. O único modo de romper este ciclo é direcionar nossa atenção para o que já possuímos e para o que nunca poderá ser tirado de nós: a virtude. Se abordamos a vida dessa maneira, não só tiramos proveito da resiliência emocional num mundo em constante mudança, mas continuaremos a cultivar uma atitude positiva. Com isso em mente, vamos lidar com a negatividade com todas as ferramentas oferecidas pelo estoicismo.

NO MOMENTO

Certas situações – ou mesmo determinadas pessoas – parecem sempre trazer à tona o que há de pior em você.

- Neste momento da vida, que tipo de situação tende a levá-lo a manifestar pensamentos negativos?
- Que ferramentas estoicas você pode aplicar nesse tipo de situação para superar essas atitudes prejudiciais?

Cultivando a Resiliência Emocional

"Algumas coisas podem golpear a pessoa sábia, como dor e fraqueza corporal, a perda de amigos e filhos ou a ruína do país em tempos de guerra, mas elas não vão abalar

seus princípios. Não digo que o sábio não sinta esses golpes, pois não atribuímos a ele a dureza da pedra ou do ferro; não haveria nenhuma virtude se ele não tivesse consciência do que suportou. O que acontece então? O sábio recebe alguns golpes, mas depois os supera, consegue curá-los e levá-los a uma conclusão. As coisas mais triviais ele nem mesmo sente, nem faz uso de sua costumeira fortaleza numa resistência letal contra elas; ele na verdade nem toma conhecimento delas ou julga que merecem apenas ser ridicularizadas."

– Sêneca, *Sobre a Firmeza do Sábio*

Se fôssemos perfeitamente sábios, à maneira estoica, nunca experimentaríamos estados mentais negativos, pois nossos pensamentos seriam sempre saudáveis. Esta pessoa, a quem os estoicos chamam "o sábio", sente as impressões iniciais como qualquer outra pessoa, mas faz juízos de valor saudáveis e, portanto, jamais sucumbe a sentimentos de raiva, desânimo, medo ou coisa semelhante. O sábio é um ideal, e nós – é claro – não somos perfeitos. Continuaremos a cometer erros, mas, praticando o estoicismo, podemos fazer um progresso real ao longo do tempo.

As mesmas ferramentas que cultivam a positividade também ajudam a banir a negatividade. O medo nos diz para evitarmos uma conversa difícil com um amigo; a Dicotomia do Controle e a Disciplina da Ação dizem a você que essas conversas são indiferentes e que você tem de tentar ajudar as pessoas em sua vida. A inveja faz você querer o que é de outra pessoa, mas a Disciplina do Desejo lembra que você tem tudo de que precisa para estar satisfeito. O segredo é a prática constante. Temos de usar continuamente nossas ferramentas para que, em termos ideais, a negatividade nunca crie raízes. Se criar, estaremos conscientes o bastante para reconhecê-la e saber lidar com ela.

Em uma carta intitulada "Sobre a Ira", Sêneca diz que "o melhor plano é rejeitar de imediato os primeiros estímulos à raiva, a resistir a ela desde seus primeiros vestígios, a tomar cuidado para não ser instigado por ela: pois se esses estímulos começarem a nos levar para longe, fica difícil conseguir voltar a uma condição saudável". Ele continua destacando que você não consegue ajustar seu pensamento de fora, já que você é sua mente. Se você está com raiva, essa raiva é parte de sua atitude mental; é difícil parar porque a raiva agora faz parte do próprio processo que iria detê-la. Sua melhor alternativa é manter-se firme na filosofia estoica. Lembre-se de que os indiferentes "nada significam para você" e de que ninguém tirou algo de você – "a coisa foi devolvida". Esse desafio é uma nova oportunidade para praticar a virtude. Se você se apoiar nessas técnicas, manterá longe a negatividade.

Quando a negatividade consegue ultrapassar nossas defesas estoicas, precisamos antes de mais nada reconhecer que estamos perdendo a harmonia com a vida. A Disciplina do Consentimento vai ajudá-lo a prestar atenção aos seus pensamentos e eliminar qualquer coisa que não seja mais útil para você. Se um evento traz consigo sentimentos negativos, podemos dizer "você é apenas uma aparência" e devolver nossas mentes a um estado mais pacífico. Podemos usar o exercício da Definição Física para afastar a mística de tudo que está oprimindo nossos desejos ou aversões e voltar a um caminho saudável. Podemos *colo-*

car entre parênteses o desafio para dar a nós mesmos espaço para pensarmos com maior clareza. Enquanto continuamos a praticar, aproximamo-nos do modelo de pessoa sábia de Sêneca: flexíveis a coisas que costumavam nos incomodar. Após praticar o bastante, nem vamos mais reparar nas coisas que antes nos irritavam!

Eu era o tipo de pessoa que dava a última palavra. Me incomodava muito o fato de não "ganhar" uma discussão. Com o correr dos anos, o estoicismo me ensinou a valorizar mais a maneira como me conduzo durante as conversas do que como termina a interação. Eu disse o que queria dizer? Dei às pessoas uma chance de entenderem meu ponto de vista? Ouvi a todos com uma atenção honesta? Nesse caso, então, fiz o melhor que podia. Hoje em dia, se alguém tenta me menosprezar, deturpar meu ponto de vista ou exigir uma atenção que não lhe devo, eu quase nem reparo. Estou contente, e tudo mais é problema dele. É libertador!

Imagine alguém furando uma fila bem na sua frente. Como você se sentiria? Talvez sentisse raiva antes de mais nada. Afinal, aquela pessoa não estaria agindo bem. Mas antes de desenvolver este sentimento, leve em conta suas *duas missões* – você precisa permanecer na fila e você também precisa manter a harmonia. Você vai deixar que essa pessoa acabe com a sua alegria? Claro que não. Ela não tem o poder de levar a sua alegria; só você tem, quando se entrega a um juízo de valor equivocado. Então você opta por continuar contente. Mas você mesmo assim pode remediar o erro da pessoa que furou a fila (desde que se sinta seguro fazendo isso). Ela não deveria ter entrado na sua frente. O importante é, caso decida interpelar a pessoa, que faça isso com virtude, mostrando o que tem de melhor, e não sob a influência do que os estoicos chamam de *paixões*. E por falar de paixões, vamos olhar mais de perto para o modo como os estoicos encaram os estados mentais negativos.

REFLEXÃO

"Agarre-se com unhas e dentes à seguinte regra: não ceder à adversidade, nunca confiar na prosperidade e prestar sempre muita atenção ao hábito da Fortuna de se comportar da forma como ela bem quer, encarando-a como se ela fosse realmente fazer tudo que ela tem o poder de fazer. As coisas que você já vem há algum tempo esperando que aconteçam causam menos choque quando acontecem de fato."

— Sêneca, Cartas de um Estoico 78

A mudança é inevitável. Os estoicos nos dizem que tudo precisa mudar, caso contrário nada de novo poderia surgir. Eles consideram tolas as pessoas que ficam abaladas com as mudanças. Como poderíamos não perceber que a mudança estava a caminho? Ela, afinal, está por toda parte. Na citação, Sêneca diz que não devemos sucumbir diante de desafios e que também não devemos esperar que as épocas mais fáceis durem para sempre. Devemos permanecer sempre em harmonia, independentemente dos altos e baixos da vida.

- Que ferramentas você tem para prosperar em tempos de adversidade?
- Que ferramentas você tem para aceitar com alegria as coisas boas da vida, mesmo reconhecendo que essas coisas vão inevitavelmente mudar?

Emoções Negativas

Os estoicos se referem aos estados mentais negativos como *paixões*. Consideram que paixões são doenças da mente que precisam ser curadas. Você já foi apresentado às *boas paixões* e espero que esteja claro que ninguém está pedindo para que seja imune à paixão ou frio para a vida. Paixões, na linguagem estoica, são estados mentais baseados em juízos de valor equivocados. As paixões estão em desarmonia com a vida. Não podem levar à prosperidade, porque nos levam na direção errada. Por exemplo, sentimos medo porque queremos escapar de alguma coisa, mas o estoicismo nos diz que essa "alguma coisa" é indiferente e não vale a pena temê-la. Sentimos angústia porque não conseguimos algo que, da mesma forma, não vale a nossa preocupação. Paixões são sempre equívocos. O estoicismo nos treina para que evitemos completamente os erros, se isto for possível, ou para que nos corrijamos assim que nos dermos conta de que estamos no caminho errado. Os estoicos listam quatro paixões principais:

- **Medo**
- **Ansiedade**
- **Prazer**
- **Angústia**

Vamos investigá-las.

Medo

Medo é a expectativa de um mal que se aproxima, é um encolhimento da mente. Alguns dos sentimentos que fluem do medo são terror, hesitação, vergonha, choque, pânico e angústia. O medo está focado no futuro, mas focado nas coisas erradas. A vergonha, por exemplo, é um medo da desonra; mas quem poderia desonrá-lo? Se você age com virtude, ninguém pode desonrá-lo e ninguém pode fazê-lo agir sem virtude. O oposto do Medo é a boa paixão, o Cuidado, e o antídoto para o Medo é a prática consistente da Disciplina do Desejo. A Dicotomia do Controle também ajuda a superar o Medo. Todos os medos são construídos a partir de indiferentes. Se aprendermos a ver os indiferentes como coisas que estão fora de nosso controle, ficaremos livres do temor a essas coisas.

Ansiedade

A ansiedade é o desejo irracional por um bem que esperamos obter. Está concentrada no futuro. Carência, ódio, contenção, raiva, luxúria, ira e fúria, tudo isso se enquadra nessa paixão. A ansiedade diz respeito à insatisfação com o mundo e é uma tentativa de consertar esse sentimento com coisas indiferentes.

Superamos a ansiedade, irmã gêmea do medo, com a aplicação da Disciplina do Desejo. A boa paixão, o Desejo, se encontra em oposição à Ansiedade. Podemos ver como a Dicotomia do Controle também está no centro deste problema. Se você aprender a só desejar suas próprias ações virtuosas na vida, você não terá uma avassaladora ansiedade por coisas indiferentes.

Prazer

O prazer é uma euforia equivocada acerca de algo que parece ser bom aqui e agora. Inclui regozijar-se com o infortúnio de outra pessoa, autogratificação e uma alegria extravagante, que os estoicos mencionam como uma dissolução da virtude. O prazer ata seu bem-estar às coisas que você possui ou ao momento particular que está vivendo, sendo que ambos podem ser tirados de você. O oposto do prazer é a Alegria, o estado de espírito que gera positividade apesar da impermanência das coisas.

Pode parecer estranho que uma paixão concentrada no presente possa levar a uma experiência negativa, já que o estoicismo com frequência nos adverte para viver o momento. Embora o estoicismo *de fato* peça para nos concentrarmos no aqui e agora, devemos fazer isso da maneira certa. Por exemplo, minha filha de 5 anos geralmente chora quando suas amigas precisam ir embora para a casa delas. Dez minutos antes que isso aconteça, dou-lhe um aviso de advertência ou emprego outras técnicas paternas, mas quando chega o momento da partida das meninas, ela fica arrasada. Ela investiu sua felicidade no estado de coisas presente, mas essas coisas (incluindo o momento) são indiferentes. O estoico focado no presente se concentraria nas coisas que ele controla. Não buscaria prazer em coisas indiferentes, mas encontraria alegria na virtude. De fato, oposto do Prazer é a Alegria, o estado de espírito que encontra a positividade apesar da impermanência das coisas.

Referindo-se ao sábio, Marco Aurélio diz, em *Meditações* 10:11: "Quanto ao que alguém dirá ou pensará dele, ou fará contra ele, o sábio nunca chega sequer a pensar nisso, contentando-se com duas coisas: agir com justiça no que faz em cada momento e satisfazer-se com o que agora lhe é atribuído". A paixão do Prazer pode ser extirpada pela concentração na excelência de cada ação e no Amor Fati, o amor e aceitação do momento presente.

Angústia

Irmã gêmea do Prazer, a Angústia é uma contração irracional da mente para longe de algo já presente. Malícia, inveja, ciúme, pena, tristeza, preocupação, tristeza, irritação, humilhação e inquietação, tudo isso deriva da Angústia. A angústia não tem paixão oposta. Superar a angústia é abrir espaço para que as boas paixões possam prosperar. Uma técnica que considero particularmente eficaz contra a angústia é uma que chamo de "festival".

FESTIVAL!

"Quando estamos sozinhos, devemos chamar essa condição de tranquilidade e liberdade, e pensar em nós mesmos como pensamos nos deuses; e quando estamos com muitos, não devemos chamá-los de multidão, de problema ou de mal-estar, mas de festival e companhia, aceitando tudo com satisfação."

— Epicteto, *Discursos* 1:12

Estive em concertos barulhentos e foi extremamente divertido. Estive em cafés onde uma conversa estava apenas um pouco alta demais e isso estragou meu dia. Epicteto destaca que atribuímos muito mais encanto às pessoas em festivais do que em um dia normal. E sugere que abandonemos a ideia de multidão e transformemos cada dia num festival! Sempre que as pessoas ao seu redor começarem a incomodar... dê um tempo. Respire. Diga "festival". Pense: "Isso é um festival, essa gente é a *minha* gente e aceito isso com satisfação".

Definição Física e o Irracional

O exercício de sabedoria que você já praticou, Definição Física, é poderoso contra o Prazer e a Ansiedade. Marco Aurélio escreveu sobre o uso desta técnica para desmistificar o sexo quando se via sob o risco de tomar decisões por luxúria. Disse que o sexo é simplesmente fricção, um espasmo momentâneo e um líquido pegajoso – um retrato não muito lisonjeiro. Se quisermos desenvolver a boa e estável paixão chamada Alegria, não podemos fazer com que nossa felicidade se apoie em coisas que podem ser tiradas de nós ou em coisas futuras que podem jamais acontecer. Como já aprendemos anteriormente, quando alguma coisa se apresentar a você, respire e procure defini-la na sua forma mais básica. Não adicione juízos de valor. Se você está prestes a participar de algo que você sabe que vai contra seu melhor interesse, desmonte a coisa em suas partes componentes. Limpe sua mística para que você possa seguir em frente com a cabeça limpa.

O que Há de Tão Insuportável Neste Momento?

> *"Não entre em pânico diante da visão de conjunto de toda a sua vida. Não pense nos problemas que você enfrentou ou naqueles que ainda tem de enfrentar, mas pergunte a si mesmo, quando cada problema vier: o que há de tão insuportável ou incontrolável nisto? Sua resposta vai envergonhá-lo. Lembre-se então de que não é o futuro ou o passado que pesam sobre você, mas só o presente. Sempre o presente, que se torna uma coisa ainda menor quando é isolado dessa forma e quando a mente é castigada por não conseguir resistir a um objeto tão franzino."*

– Marco Aurélio, *Meditações* 8:36

Muito do peso emocional de um evento é fruto da nossa imaginação. Doenças do corpo, tristeza, ansiedade, pode parecer que todas essas coisas nunca irão embora. "Eu sempre me sentirei assim", poderemos dizer a nós mesmos. Isso não é verdade, mas pode parecer ser verdade. É o que Marco Aurélio dizia a si próprio para limitar seus problemas ao presente. Olhava para o momento em que estava e perguntava: "Isso é realmente insuportável? Este é o momento que vai me quebrar?". A resposta sempre foi não. O aqui e agora representa um momento muito pequeno comparado com o enorme futuro incognoscível. Podemos fazer o mesmo. Sempre que estivermos oprimidos, podemos isolar o presente e examinar o momento. O que há de difícil neste minuto? Você pode superar o presente e dar mais um passo à frente? Sim, pode.

Avalie suas Emoções

Quais são os estados de espírito negativos que você mais precisa trabalhar? Numa escala de 1 a 5, sendo 1 uma vida emocional muito saudável e 5 uma mente oprimida por uma determinada paixão, avalie:

Medo _____

Ansiedade _____

Prazer _____

Angústia _____

VISUALIZAÇÃO NEGATIVA

"É justamente em tempos de segurança que a alma deve se reforçar de antemão para ocasiões de maior estresse, e é enquanto a Fortuna é gen-

til que ela deve se fortalecer contra sua violência. Em dias de paz o soldado realiza manobras, constrói fortificações sem qualquer inimigo à vista e se desgasta com labutas gratuitas para que possa se manter à altura do trabalho real que tem pela frente. Se você não quer ver um homem titubear quando a crise vier, dê-lhe treinamento antes que ela venha. É esse o trajeto que têm seguido aqueles que, em sua imitação de modéstia, vêm todo mês se arrepender de terem recuado daquilo para que, com tanta frequência, haviam se preparado."

– Sêneca, Cartas 18

Os estoicos acreditavam que devemos ser treinados para os grandes desafios da vida. Usavam técnicas de visualização e práticas físicas para se prepararem para as inevitáveis mudanças, esperando que, quando o verdadeiro desafio se apresentasse, pudessem continuar vivendo em harmonia. Quais são os desafios que nos abalariam? Uma doença terminal? A morte de um ente querido? Já compreendemos que, para o estoico, essas coisas são indiferentes, na medida em que não podem abalar sua virtude. Ainda assim, os estoicos eram humanos e sabiam que tais eventos atingem o coração de cada um. Desenvolveram, portanto, o hábito de caminhar mentalmente por entre o "pior" dos desafios, para poderem praticar uma perspectiva estoica e enfrentar quaisquer impróprios juízos de valor que surgissem.

O ensaio mental para enfrentar os grandes desafios é chamado de "visualização negativa". Ele também pode ser chamado de premeditação de adversidade ou, como já fiz referência, premeditação de desafios. A ideia é visualizar os piores cenários possíveis. Imagine um enorme desafio como se ele estivesse de fato acontecendo. Então aplique suas ferramentas, a Dicotomia do Controle, as disciplinas e um foco na virtude, para treinar a si próprio a se manter estoico durante o desafio.

- **O que está sob seu controle?**
- **O que você deve desejar e o que deve evitar?**
- **Você cede aos juízos de valor que borbulham ou os rejeita?**
- **Como você deve agir?**
- **Você consegue permanecer em harmonia, mesmo durante um desafio? Como?**

- **Você consegue encontrar alegria no momento, apesar de estar vivendo o que outros considerariam uma catástrofe?**

Esses exercícios ajudam a trazer paz, tanto no momento presente quanto no futuro, quando os grandes desafios chegarem. Sêneca nos diz que os eventos esperados não causam grande surpresa. Visualizações negativas podem, ao menos, ajudá-lo a se imunizar contra o futuro. A grande esperança é que essas práticas possam estabilizar nosso pensamento estoico para que, quando o desafio vier, ele não só amorteça o golpe, mas permita que continuemos a prosperar enquanto enfrentamos o desafio de frente. Crie uma lista com os piores desafios que possa imaginar, o tipo de desafio que abalaria seu mundo. Usando as diretrizes e perguntas acima, comece a praticar regularmente a visualização negativa. Vou compartilhar duas variantes da prática que podem ser usadas por você.

Aceitando Menos

Sêneca exortou os estoicos a reservar um tempo para se privarem das coisas mais finas. Como um romano rico e influente, essa prática se destinava a lembrá-lo de que as posses são indiferentes e que, se lhe fossem tiradas, ele deveria continuar satisfeito. Durante alguns dias, ou em determinadas semanas, Sêneca ficava em um aposento pouco mobiliado, se deitava sobre uma esteira dura, comia alimentos básicos, sem sabor, e meditava sobre se a vida boa vinha de coisas externas ou dele próprio.

Podemos adaptar essas práticas à nossa própria vida. Do que podemos abrir mão durante algum tempo para que possamos ver nossos eus virtuosos como independentes de nossas posses? Poderíamos comer todo dia, durante uma semana, a mesma refeição básica. Muitos estoicos usam duchas frias como um meio de aceitar o desconforto como um indiferente. Você pode, durante alguns dias, abrir mão da TV ou da internet. Independentemente do que escolha, lembre-se de não apenas fazer o exercício, mas de envolver sua mente numa interrogação estoica acerca de suas reações:

- **O que está sob seu controle?**
- **O que você deve desejar e o que deve evitar?**
- **Você concorda com os juízos de valor que borbulham ou os rejeita?**
- **Como você deve agir?**

- **Você consegue manter-se em harmonia?**
- **Você consegue, apesar da privação, encontrar alegria no momento que está vivendo?**

Eu Sabia que Eu Era Mortal

Quando ler os estoicos, você descobrirá que o tema morte vem à tona com frequência. Afinal, ninguém pode escapar da morte. Os estoicos sentiram que chegar a um acordo com esse fato era essencial para o filósofo, caso contrário, o medo da morte afastaria muitas de suas ações da sabedoria. Sócrates e Catão, ambos considerados heróis estoicos, preferiram morrer a viver uma vida menos virtuosa. Epicteto nos diz que sempre que um general desfilava por Roma acompanhado de escravos, era tarefa desses escravos sussurrar continuamente, nos ouvidos do general, lembretes sobre a mortalidade. O objetivo era torná-lo humilde. Para nós, a visualização negativa de nossa própria morte pode nos ajudar a aceitar que a própria vida é um indiferente.

Epicteto recomenda que se diga: "Eu sabia que eu era mortal", quando pensamos em nossa morte. Em seus *Discursos*, 3:24, ele diz que ninguém deve se espantar com a morte porque ela é inevitável. A morte também não depende de nós; está fora de nosso controle – é um indiferente. Como parte da harmonia da natureza, devemos aceitar a morte como algo dado. Usando esses pensamentos, diga a si mesmo: "Hoje é meu último dia". Pense na morte como algo inevitável, fora de seu controle e natural. Mas como devemos reagir à morte quando ela vier?

Uma vida mental saudável pode nos ajudar a agir muito bem no mundo. Ao encontrar a liberdade emocional por meio de nossas ferramentas estoicas, encontraremos Coragem para buscar a Justiça onde quer que ela esteja. No próximo capítulo, você usará suas atitudes positivas para tomar iniciativas poderosas a seu favor, a favor de sua comunidade e do mundo em geral.

CAPÍTULO 7
Estando a Serviço

"De manhã, quando não for nada fácil sair da cama, diga a si mesmo: "Tenho de ir trabalhar... como todo ser humano. O que tenho para reclamar, se vou fazer aquilo para o que nasci... se vou fazer as coisas que fui trazido ao mundo para fazer? Ou será que fui criado para outra coisa? Para me enrolar debaixo das cobertas e ficar aquecido?"

– Marco Aurélio, *Meditações* 5:1

Os humanos, na visão estoica, são seres naturalmente sociais, destinados a se envolver em relacionamentos saudáveis uns com os outros. A Disciplina da Ação é a que melhor representa esse ponto de vista. Como já vimos, nossas ações precisam estar focadas na comunidade. Ao nos concentrarmos naquilo que podemos controlar, escolhemos um caminho que beneficia a todos, não somente a nós. Nossa orientação matinal nos lembra que as pessoas muitas vezes serão obstáculos, mas nem por isso podemos deixar de fazer o que estiver ao nosso alcance para ajudá-las. Estamos destinados a viver uma vida de serviço à nossa comunidade. Vamos nos concentrar em sermos estoicos nos relacionamentos. Quer se trate da família, de amigos ou de estranhos, trabalharemos para desenvolver ações que beneficiem a eles e a nós, usando a virtude como guia.

Como os Estoicos Tratam os Outros

"Seja como for, vamos descobrir que somos ao mesmo tempo afetuosos e coerentes com a razão, e declaramos confiantes que isto é certo e bom."

– Epicteto, *Discursos* 1:11

O estoicismo é uma filosofia de amor. Os filósofos estoicos não só falaram de seu amor pela sabedoria, mas também de sua filantropia, que significa amor pelas pessoas. A teoria estoica do desenvolvimento ético, chamada *oiké*iosis, espera que você cresça em sua capacidade de amar até sentir afeição pelo mundo inteiro. *Oikéiosis* é uma ideia complexa, mas diz, em suma, que todos os animais nascem amando e preservando a si próprios. Os animais sociais, humanos incluídos, expandem esse amor primeiro para cuidadores imediatos, depois para uma família ampliada e, quando se desenvolvem de forma adequada, aprendem a preocupar-se com toda a humanidade. O estoico Hiérocles descreveu este crescimento usando uma série de círculos concêntricos. O primeiro círculo do afeto é você mesmo. O próximo é a família imediata, seguida pelos parentes e amigos. Depois disso vem sua comunidade, depois as comunidades vizinhas, seu país e então toda a humanidade. Nós, estoicos modernos, tendemos a ampliar os círculos para além da humanidade, para abarcar o mundo e todas as suas criaturas vivas. Hiérocles diz que nossa tarefa é puxar os círculos externos para mais perto de nós. Pede que cada um se abra intencionalmente para os outros e os aproxime. O estoico abraça o mundo.

Claro, por mais afeto que mostremos ao mundo, sabemos que este sentimento nem sempre é recíproco. O estoicismo não é ingênuo em sua aceitação dos outros. Lembre-se das boas paixões. Você *desejará* o melhor para os outros, mas terá o *cuidado* de se proteger se as pessoas não estiverem exibindo seu melhor comportamento. Um grande exemplo deste cuidado está em *Meditações* 6:20, onde Marco Aurélio usa o exemplo de um combate de luta livre:

"No ringue, nossos oponentes podem nos despedaçar com as unhas ou nos dar cabeçadas deixando hematomas, mas não os condenamos por isso, nem ficamos irritados com eles, nem passamos a encará-los como tipos violentos. Só ficamos de olho neles. Sem ódio, nem suspeita, mas mantendo uma distância amigável. Precisamos fazer isso em outras áreas. Precisamos desculpar o que fazem nossos parceiros de luta, mantendo apenas uma distância – sem desconfiança nem ódio".

Quando agem por ignorância, as pessoas praticam ações incorretas. O estoicismo afirma que todas as ações erradas têm origem em um desconhecimento de formas melhores de agir. Somos incitados a aceitar este fato com naturalidade porque assim é a condição humana. Contudo, a distância que mantivermos de outras pessoas pode ser amigável. Dar espaço para que uma pessoa possa crescer não requer que nos coloquemos numa posição de risco. É importante lembrar isto. A resiliência estoica e a mente saudável que a acompanha podem nos libertar. Podemos ultrapassar a dor, o ressentimento, o medo e ganhar uma disposição para amar e aceitar os outros. Existem, no entanto, situações onde a Sabedoria exige que nos afastemos. A Coragem pode nos ajudar a superar os piores desafios, mas a Coragem pode também nos permitir sair de situações que nos oprimem.

Sempre que se deparar com uma pessoa que o desafie, tente recordar os pensamentos das *Meditações* 7:26, em que Marco Aurélio diz:

"Quando as pessoas o insultam, pergunte a si mesmo que bem ou mal elas pensaram que viria disso. Se entendermos a coisa, sentiremos mais simpatia que raiva ou indignação. Nosso senso do bem e do mal pode ser o mesmo que o delas, caso em que temos de desculpá-las. Mas nosso senso do bem e do mal pode ser diferente do delas. Nesse caso, elas estão desorientadas e merecem nossa compaixão. Será que é tão difícil agir assim?".

Pode ser complicado, mas manter a paz de espírito diante de uma situação difícil também é muito gratificante.

Afinal, porque deveríamos permitir que outra pessoa roube a harmonia que trabalhamos tanto para alcançar?

Se Soubessem de Todos os Meus Defeitos

> *"Se lhe contaram que falam mal de você, não se defenda. Basta responder: 'Se eles soubessem de todos os meus defeitos teriam falado muito mais que isso'."*

– Epicteto, *Enchiridion* 33

Diante das outras práticas estoicas que aprendemos, o humor autodepreciativo pode parecer deslocado. Mas os estoicos não eram contra o uso do humor, desde que nos abstivéssemos de ficar zombando dos outros. Epicteto recomenda o humor para controlar uma situação potencialmente má e como uma forma de humildade. Quando alguém fala de você pelas costas, qual é sua reação? Muitas pessoas esperariam uma defesa acompanhada de um contra-ataque; os ensinamentos estoicos aconselham nenhuma resposta. Você se defende quando é atacado, mas as palavras ditas por outra pessoa – em particular quando isso ocorre fora do alcance do seu ouvido – caem na categoria dos indiferentes. A opinião que outra pessoa tem de você não é capaz de macular sua virtude. E o ataque à reputação de outra pessoa equivale a um ato não virtuoso. A sugestão de Epicteto: desarme a situação reconhecendo que você tem defeitos e vire a página.

É o Que Eles Acham

> *"Quando uma pessoa o trata mal ou fala mal de você, não esqueça que ela faz isso porque acha que deve fazê-lo. Não é possível para ela fazer o que você acha que seria o certo, mas só o que parece certo para ela... Se compreendermos isso teremos uma reação mais branda com aqueles que nos injuriam, pois sempre poderemos dizer: 'É o que eles acham'."*
>
> – Epicteto, *Enchiridion* 42

É o que eles acham nos ajuda a permanecer com os pés no chão e em harmonia quando uma pessoa se torna desafiadora. Todos nós gostaríamos de jamais sermos caluniados ou atacados, mas choques acontecem. Como podemos então manter um bom fluxo de vida? Reconhecendo a situação das outras pessoas. Elas acreditam que algo está errado.

Crenças erradas levam a pensamentos e ações negativos – as paixões. A única maneira de sair desse padrão é mudar as crenças, mas é provável que por ora não tenhamos condições de orientar essas pessoas. Diga a si mesmo: "Eles estão fazendo o que acham melhor". Dessa forma, podemos deixar para trás quaisquer sentimentos negativos a respeito delas e nos concentrar nas ações positivas e virtuosas que vamos empreender no momento.

Para ser claro: esta prática não absolve ninguém de más ações. Errado é errado. É apenas um reconhecimento de que suas crenças infundadas tornam impossível, pelo menos nesse momento, que elas ajam melhor. Mas elas continuam sendo responsáveis pelo modo como se comportam.

AMIGOS E FAMÍLIA

"Os sábios são autossuficientes. Mesmo assim, querem ter amigos, vizinhos e parceiros, por mais que essa autossuficiência pareça completa."

– Sêneca, *Cartas de um Estoico* 9

Relacionamentos próximos deveriam ser reconfortantes e trazer à tona o que há de melhor em nós. Mas nem sempre é assim. Como se costuma dizer, a gente não escolhe família! Até mesmo as pessoas com as quais convivemos com frequência nos são impostas em função de onde moramos ou trabalhamos. Isso pode afetar nossa energia e criar situações que requerem o uso de todos os itens de nosso *kit* de ferramentas estoico. E, no entanto, o estoicismo pede para nos mantermos virtuosos em qualquer circunstância, dando o melhor de nós, quer os outros retribuam ou não o que estamos fazendo. Como podemos agir assim?

Nos *Discursos* 3:28, Epicteto fala com um aluno que está enfrentando dificuldades com o pai. Diz a ele que "teu pai tem uma determinada função, e se ele não executa essa função, estará destruindo o pai dentro si próprio, o homem que ama sua prole, o homem gentil dentro de si. Não procures fazê-lo perder ainda mais por causa disso. Pois nunca acontece que um homem erre numa coisa, mas seja ferido por outra. Tua função é apenas defender-te com firmeza, de modo respeitoso, sem paixão. Caso contrário, terás destruído dentro de ti também o filho, o homem de respeito, o homem de honra".

Aqui, vemos um ponto de vista estoico comum. Em um relacionamento, cada pessoa tem um papel a desempenhar. O estoico, é claro, só controla seu próprio papel. Epicteto diz que as ações do pai são sem consequência para o estudante estoico; o relacionamento é um indiferente. O discípulo é incitado a concentrar a atenção em seus próprios pensamentos e ações, em vez de ficar martelando as opções feitas pelo pai. É solicitado a nunca se envolver com as paixões ruins, a ter cuidado para não se tornar desrespeitoso. Mas Epicteto também o manda se defender com firmeza. De novo aqui, o estoicismo não nos deixa passivos. É sempre apropriado nos defendermos, desde que o façamos com a virtude em mente. A Dicotomia do Controle, quando aplicada aos relacionamentos, não pretende levá-lo a investir menos nos outros, mas a investir em si mesmo com mais sabedoria. Não podemos controlar os outros e as ações deles não devem nos controlar. Se nos concentramos no que é nosso – nossas opiniões, impulsos e desejos – teremos juízos de valor adequados, nossas ações serão significativas e daremos o melhor de nós em cada relacionamento. Muitas vezes, isso ajudará nossos relacionamentos a se tornarem saudáveis, vibrantes. Às vezes seu melhor desempenho não será correspondido, mas você admitirá que tentou e terá a capacidade de continuar em harmonia, independentemente do resultado.

O que as disciplinas nos dizem sobre relacionamentos? A Disciplina do Desejo nos lembra que não devemos ansiar ou temer determinadas ações das pessoas que conhecemos. O que você quer é contribuir com o melhor de si no relacionamento e só teme a possibilidade de tratar mal os outros. A Disciplina do Consentimento nos dá ferramentas mentais para não tirarmos, de forma precipitada, conclusões negativas acerca dos atos de outras pessoas. Alguém acabou de dizer algo maldoso? Não precisa julgá-lo, basta escolher sua melhor resposta. A Disciplina da ação concentra suas opções no que beneficiará os dois. Ela o preserva de tomar iniciativas às custas da outra pessoa.

Estoicismo Aplicado à Vida Social

Neste exercício, encontre a técnica estoica que pode protegê-lo ou devolvê-lo à harmonia que corresponde à situação.

Um amigo parece estar chateado e você não consegue deixar de pensar que ele está com raiva de você.

A. Amor Fati

Um de seus pais tem o hábito de dizer coisas constrangedoras e você percebe que o reflexo que isso tem sobre você não é nada bom.

B. Isole o Presente

Você está em um encontro romântico e fica se distraindo com pensamentos sobre possíveis encontros futuros.

C. Você é Apenas uma Aparência

Seus amigos vieram de longe para visitá-lo; foi tudo muito bom, mas eles vão embora amanhã.

D. Isole a Si Mesmo

Respostas na p. 214

NO MOMENTO

Epicteto diz que em um relacionamento problemático devemos evitar as paixões, nos manter respeitosos e nos defender de forma apropriada.

Procure se lembrar de um relacionamento difícil de seu passado ou presente. Reveja suas ações:

- **Como você teria lidado com o relacionamento se estivesse praticando o estoicismo?**
- **Como você pode se preparar para situações semelhantes no futuro?**

VIVENDO EM SOCIEDADE

> *"Vamos nos ater ao fato de que existem duas comunidades – aquela que é grandiosa e verdadeiramente comum, englobando deuses e humanos, na qual olhamos não para um canto ou outro, mas avaliamos as fronteiras de nossa cidadania pelo Sol; a outra, aquela para a qual fomos designados pelo acidente de nosso nascimento."*
>
> – Sêneca, *Sobre o Ócio*

O estoicismo faz surgir o melhor em nós para que possamos dar o melhor de nós ao mundo à nossa volta. Por isso muitos desafios – pequenos e grandes – podem se beneficiar da contribuição de pessoas sábias e pessoas corajosas como você. Claro que, num mundo ideal, dispor-se a ajudar implica que todos aceitariam essa ajuda e participariam dela, mas a comunidade é uma coisa complicada. As pessoas trabalham com objetivos cruzados. Então, como estoicos, como lidaríamos com isso?

> *"... nascemos neste mundo para trabalhar juntos como os pés, as mãos, as pálpebras ou as arcadas dentárias superior e inferior."*
>
> – Marco Aurélio, Meditações 2:1

O estoicismo encara todas as pessoas como parte de um único organismo ou de uma grande família humana. Essas imagens estão em toda parte na escrita estoica. Em *Discursos* 2:10, Epicteto diz: "O que então um cidadão respeitado pode prometer? Não se apossar de nada visando o próprio lucro; não tomar nenhuma decisão como se estivesse apartado da comunidade, mas agir como fariam a mão ou o pé se fossem racionais e compreendessem a constituição da natureza, jamais se pondo em movimento ou desejando qualquer coisa sem referência ao todo".

Vemos aqui que a conexão humana tem tamanha importância que cada ação requer que o interesse dos outros, não apenas o nosso, seja levado em conta. Isso completa a perspectiva que já tinha nos sido passada pela Disciplina da Ação. Também pode informar as práticas aprendidas com essa disciplina. A orientação matinal de Marco Aurélio termina com essas palavras: "Causar dificuldades para as pessoas não é natural. Sentir raiva de alguém, virar-lhe as costas: isso não é natural". No início de seu dia, lembre-se de que você quer estar preparado para aceitar as pessoas não exatamente perfeitas que vai encontrar, mas você também deveria estar disposto a ajudá-las se a ocasião surgir. Também podemos aplicar a prática das duas missões. Você quer fazer *x*, mas também quer se conservar em harmonia com a vida. A harmonia estoica cria de fato um contentamento interno, mas também estimula compromissos ativos e virtuosos com o mundo. Compreender isto ajuda a nos mantermos focados no caminho virtuoso.

Claro, nem todo compromisso com a sociedade requer uma luta áspera. Por exemplo, gosto de trabalhar como voluntário no mercado de nossos agricultores locais. Todo domingo, quando o mercado fecha, minha família vai ajudar a desmontar as barracas e outros equipamentos. Fazemos isso porque valorizamos o que o mercado traz para nossa vizinhança, tanto em termos de comida saudável quanto pelo impacto social de um local onde vizinhos interagem uns com os outros. O estoicismo nos encoraja a investir tempo e esforço em nossa comunidade.

O que pode motivá-lo? O que você valoriza em sua vizinhança ou o que gostaria que fosse incrementado? Quem já está voltado para esse trabalho provavelmente iria saudar sua contribuição. Se ainda não há ninguém nesse caminho, talvez você pudesse iniciar alguma coisa. Seja qual for a situação, como estas ações reforçam nossa coragem, nosso senso de justiça e nossa disposição de trabalhar com outros, tome a iniciativa e coloque suas ideias em prática.

NO MOMENTO

"Vou mostrar os nervos de um filósofo. 'Que nervos são esses?' Um desejo nunca frustrado, uma aversão que nunca cai sobre aquilo que se teria de evitar, uma busca adequada, um propósito zeloso, um consentimento que não é precipitado. Estes você há de ver."

— Epicteto, *Discursos* 2:8

Como esboçado nessa citação, o estoicismo se destina a nos tornar fortes. À medida que pratica-

mos a filosofia, retornemos a essa ideia. Estamos mostrando os nervos de um filósofo?

REFLEXÕES

"Deixe seu impulso de agir e sua ação terem como objetivo o serviço da comunidade humana, porque isso, para você, está em conformidade com sua natureza."

— Marco Aurélio, *Meditações* 9:31

Servir nossa comunidade é saudável. Pode nos ajudar a nos sentirmos envolvidos com um mundo que, muitas vezes, pode parecer distante e opressor. Em particular, atuar em nível local pode nos ajudar quando questões maiores parecem completamente fora de nosso alcance. Se você já se sentiu individualmente desamparado em relação a um problema mundial maior ou a um evento particular, há um modo de superar esse estado de espírito. Primeiro, use a Dicotomia do Controle e práticas similares para se concentrar no que você controla. Em se tratando de eventos mundiais, você descobrirá que todas as notícias se encontram fora de seu controle. Contudo, isso não o deixa passivo.

- **O que há neste evento que o preocupa? Será que ele afeta, por exemplo, seu senso de justiça?**
- **Existe um problema semelhante em sua comunidade?**
- **Em caso afirmativo, existem pessoas que estão trabalhando para tratar desse assunto?**
- **Que iniciativas virtuosas você pode tomar para lidar com o problema em sua própria vida, em sua própria comunidade?**

OS ESTOICOS PODEM CRIAR MUDANÇA?

Os estoicos romanos tinham um herói chamado Catão, um estadista que se dedicou ao caminho estoico. Mais tarde, os estoicos consideraram-no exemplar por várias razões. Ele ficou conhecido por todos pela profunda integridade moral e por ser imune a subornos. Permaneceu sempre intransigente em seus valores, ganhando o respeito até mesmo de seus inimigos políticos. Mais que tudo, os estoicos o admiravam porque ele preferiu morrer a ceder quando seu lado foi derrotado em uma guerra civil. Foi uma prova de que valorizava mais a virtude do que o indiferente preferido pelas pessoas, conhecido como vida.

Os heróis estoicos eram pessoas que trabalharam para superar desafios. O mítico Hércules enfrentou provações tremendas. Sócrates desafiou sua sociedade, o que, como no caso de Catão, acabou por levá-lo à morte. Diógenes viveu uma vida de confronto, desafiando de forma direta os valores sociais de seu tempo. Os estoicos consideram essas pessoas exemplares. É óbvio, então, que se espera que pessoas virtuosas tanto enfrentem os desafios que surgem quanto imponham resistência, se é isto que a virtude exige.

> *"Quando você faz algo porque decidiu que devia ser feito, nunca evite ser visto praticando o ato, mesmo que a opinião da multidão vá condená-lo. Se sua ação não é correta, evite por completo fazê-la, mas se ela é certa, por que temer aqueles que vão repreendê-lo injustamente?"*
>
> – Epicteto, *Enchiridion* 35

A coragem estoica visa a torná-lo ativo. O controle estoico visa fazer com que nos concentremos. A indiferença estoica nunca leva à apatia; ela desenvolve a valentia. Somos livres para buscar a excelência com toda a energia que podemos reunir quando não estamos mais submetidos à ansiedade com relação aos indiferentes. A mentalidade estoica nos transforma em ativistas, não importa o modo como ela se aplica às nossas vidas.

Ao optar por um meio de trabalhar com sua comunidade, não se esqueça de se concentrar mais no que você controla que nos possíveis resultados de um projeto qualquer. Em *Cartas de um Estoico* 14, Sêneca diz: "A pessoa sábia olha para o objetivo de todas as ações, não para suas consequências; os começos estão em nosso poder, mas a Sorte determina o resultado". Catão perdeu sua guerra, mas é considerado um herói porque defendeu a justiça. Da mesma forma, nosso sucesso é decidido pelas ações que realizamos e pelas razões que nos levaram a empreendê-las; não podemos garantir um determinado resultado.

Os tópicos que acabamos de cobrir podem levar uma vida inteira para serem aperfeiçoados. Você tem relações antigas e novas por onde navegar. As necessidades de sua comunidade mudarão e as comunidades de que você é parte provavelmente também vão mudar. Assim que tiver acabado de ler este livro, quais serão seus próximos passos? No capítulo final darei sugestões para uma prática continuada e para leituras adicionais, começando com os antigos estoicos. Você terá muitas opções à medida que avança na sua jornada estoica.

CAPÍTULO 8
Continuando sua Jornada

"Por que todo esse trabalho de adivinhação? Você é capaz de ver o que precisa ser feito. Se você pode ver a estrada, comece a segui-la. Com alegria, sem olhar para trás. Se não consegue vê-la, espere e obtenha o melhor conselho que puder. Se alguma coisa ficar no caminho, vá em frente, fazendo bom uso do que tem

em mãos, mantendo-se fiel àquilo que lhe parece ser o correto."

– Marco Aurélio, Meditações 10:12

Você *pode* prosperar nesta vida. As ferramentas deste livro estão à sua disposição e, quando recorremos a elas de modo consistente, podemos superar os obstáculos e atrair alegria. Neste capítulo final, recomendarei novos passos em sua prática e vou deixar você passear livremente entre os velhos estoicos, para que possa aprender diretamente com eles. Esses novos recursos podem enriquecer sua jornada estoica, mas você já tem o que precisa. Uma prática intencional e constante o ajuda a alcançar os maiores ganhos – o bom fluxo da vida.

Prática Estoica Consistente

"Poderia alguém adquirir autocontrole instantâneo meramente ao ficar sabendo que não deve se deixar conquistar pelos prazeres, mas sem treinamento para resistir a eles? Poderia alguém tornar-se justo aprendendo que deve amar a moderação, mas sem praticar o modo de se afastar do excesso? Poderíamos adquirir coragem com-

preendendo que as coisas que parecem ser terríveis para a maioria das pessoas não devem ser temidas, mas sem ter praticado o destemor com relação a elas?"

– Musônio Rufo, *da palestra sobre* a prática da filosofia

Você continuará a desvendar os benefícios do estoicismo por meio da prática. Ao treinar para se lembrar de frases estoicas como "você é apenas uma aparência" ou "foi devolvido", você vai descobrir que elas vão passar a vir à mente com rapidez cada vez maior e a chegar nos momentos oportunos. Você treinará a si mesmo para expressar com naturalidade as lições que aprendeu por meio das disciplinas. Ter essas ferramentas de prontidão vai proteger sua harmonia. Os altos e baixos da vida ficarão mais suaves, porque você será capaz de superar os desafios que enfrenta. Para mudar sua vida para melhor, você não pode deixar a prática entregue ao acaso, não pode achar que vai se lembrar das coisas nos momentos difíceis. Você precisa de um plano. E para ajudá-lo em sua jornada, eu recomendo três coisas: memorização, registro em um diário e desenvolvimento de uma rotina diária.

REGISTRE NA MEMÓRIA

Você precisa de suas ferramentas estoicas disponíveis sempre de forma imediata, e elas só funcionam se você puder se lembrar delas. Começando com as práticas, técnicas ou perspectivas que o atraíram até agora, memorize uma citação ou expressão que o ajude a se lembrar delas. Uma de minhas favoritas é "festival". Essa palavra simples faz com que eu me lembre do amor estoico pelas pessoas, de minha necessidade de me desapegar das coisas e muito mais. Não consigo contar o número de vezes que me senti melhor ao me lembrar com rapidez de murmurar "festival".

Torne o estoicismo parte de sua vida mental, trabalhando para incorporá-lo a seus pensamentos.

DIÁRIO

Se quiser continuar progredindo na filosofia, escreva. O registro em um diário continua sendo um componente fundamental da prática estoica. O livro que conhecemos com o título *Meditações* era um diário pessoal que o imperador Marco Aurélio mantinha para meditar sobre filosofia e enfrentar seus problemas. Ele se desenvolveu com essa prática. Pôde comparar quem era a quem aspirava a ser.

Iniciei meu site, *Immoderate Stoic*, como um diário público dez anos atrás e às vezes ainda dou uma olhada em postagens antigas para entender quem eu era naquela época e comparar com quem sou agora. Essa mesma prática irá beneficiá-lo. Escolha um modo de conversar consigo mesmo. Pode ser com papel e caneta, em um aplicativo de anotações no *smartphone*, em um *blog* – basta encontrar um meio consistente para registrar seus pensamentos.

ESTABELEÇA UMA ROTINA DIÁRIA

Por fim, escolha algumas práticas para integrar em sua vida diária. Por exemplo, você pode começar o dia com a orientação matinal e terminá-lo com a reflexão da noite. Criar uma rotina estoica é fundamental. Ela ajudará a fortalecer o uso improvisado das ferramentas, porque sua mente já estará centrada num horizonte estoico. Depois de escolher uma ou duas coisas para praticar diariamente, sugiro que escolha outras técnicas para praticar em diferentes intervalos. Talvez você reserve algum tempo todo domingo pela manhã para meditar sobre a vista de cima ou para praticar uma visualização negativa particularmente impactante. Criar um padrão estoico o ajudará a cultivar a harmonia que você está buscando.

REFLEXÃO

"Nunca se autodenomine filósofo nem fale de maneira exagerada sobre seus princípios à multidão, mas aja de acordo com eles. Numa festa, por exemplo, não fale sobre como as pessoas deveriam comer, mas coma como lhe parece correto."

— Epicteto, *Enchiridion* 46

Epicteto lembrou, em muitas oportunidades, que seus alunos deviam viver a vida da filosofia em vez de falar sobre ela. Advertiu-os para que não falassem aos outros sobre as mudanças que deviam fazer antes de realizar essas mudanças em si mesmos. À medida que integramos o estoicismo em nossas vidas, podemos ser tentados a compartilhar essa experiência com outros. Antes, no entanto, faça a si mesmo algumas perguntas e lembre a si próprio sobre a visão estoica.

- Neste momento, estou agindo como um estoico ou estou apenas falando sobre o estoicismo?

- Pediram meu conselho nesta situação? Conselho não solicitado raramente é aceito e pode ser contraproducente.

- **O estoicismo trata da busca da harmonia na vida. Como posso mostrar a vida de um estoico sem palavras?**

Extremos

A prática regular compensa quando desafios de particular severidade atravessam nosso caminho. O ideal estoico é lidar com cada momento da mesma maneira (positiva e resiliente) enquanto permanecemos em harmonia com o mundo. Mas quando somos confrontados com um verdadeiro desafio (quer esse desafio resulte do indivíduo que somos ou do mero fato de sermos seres humanos), nossa grande esperança é já estarmos preparados por meio de uma prática zelosa. Já discutimos como a visualização negativa pode ajudar nesses momentos. Juntamente com essa prática, acredito que lembrar as curtas frases estoicas, assim como usar a visão de cima pode ser de especial utilidade em tempos estressantes.

Eventos desafiadores costumam se prolongar durante algum tempo; eles não nos afetam apenas em um determinado momento. Podemos estar vivendo um dia agradável, quando um pensamento disperso de repente traz algo de volta à mente. Isso exige uma estratégia, como o mantra "você é apenas uma aparência e não a coisa que afirma ser". "Isso nada significa para mim" também pode servir. Nos momentos em que não temos a liberdade de caminhar e meditar num horizonte estoico, essas práticas rápidas e eficientes podem ajudar a nos trazer de volta para um espaço mental melhor. Quando comecei a praticar a sério o estoicismo, escrevi algumas frases em um pedaço de papel que levava no bolso. Sempre que sentia o estresse aumentar, abria o papel e escolhia a frase que precisava para me manter centrado. Encontre um método que funcione para você e persista nele.

AUMENTAR O *ZOOM* AJUDA

A paz também pode ser mantida ao compararmos nossos problemas atuais com os problemas do mundo. A vista de cima visa a expandir nossa consciência além do domínio pessoal, alcançando uma visão mais universal. Esta prática pode fazer com que pensamentos opressores sejam colocados em um contexto mais administrável. Em *Meditações* 9:30, Marco Aurélio diz: "Baixe os olhos para ver as incontáveis manadas de homens, para suas incontáveis solenidades, para o perambular de infinita variedade em tempestades e calmarias, para as diferenças entre os que nascem, convivem entre si e morrem. E considere também a vida experimentada por outros em tempos antigos, a vida dos que vão continuar a viver depois de nós, a vida que transcorre em nações bárbaras, os tantos que não conhecem sequer o nosso nome e os quantos que logo o esquecerão; considere como aqueles que talvez estejam agora nos elogiando muito breve passarão a nos censurar, fazendo com que nem um nome póstumo, nem uma reputação, nem qualquer outra coisa tenha qualquer importância". Pensamentos como esses podem nos fazer lembrar de como nossos atuais desafios estão bem assentados na experiência humana. Nesses momentos em que é particularmente difícil distinguir entre o que controlamos e o resto, em que nossos desejos estão ainda extremamente concentrados nos indiferentes, arranjar um tempinho para nossa mente dar uma recuada e descansar pode nos proporcionar o espaço de que precisamos para acertar o passo.

Estamos nos esforçando para darmos o melhor de nós. Há momentos em que isto será colocado em xeque. Em *Discursos* 3:25, Epicteto diz: "Nessa disputa, mesmo se vacilarmos um pouco, ninguém pode nos impedir de retomar o combate. Nem é preciso esperar mais quatro anos pelos próximos Jogos Olímpicos para dar a volta por cima. Basta nos levantarmos, recuperando nossa energia, para que possamos reunir o mesmo zelo de antes e voltar à luta. Se acontecer uma nova queda, podemos nos recuperar mais uma vez e, se um belo dia conquistarmos a vitória, será como se nunca tivéssemos caído". Nunca se esqueça de que você pode tentar de novo. Se tropeçar aqui ou ali, levante, ganhe novo vigor e ponha-se em movimento novamente.

SORTE

O pensamento estoico também é útil em momentos felizes e prósperos. Como já vimos, os dons da Fortuna são grandes, mas não são garantidos. Tirar proveito das coisas boas sem ter em mente seu caráter efêmero nos deixa vulneráveis a uma violenta queda quando as coisas mudarem. Evitar isso não significa negar nosso direito ao prazer ou restringir, num esforço para nos protegermos, nosso compromisso com a vida. Não. Você deve abraçar de forma completa esses dons. Fazemos isso dando grande atenção ao momento sem deixar de perceber que a mudança está a caminho.

Quantas pessoas já não se lamentaram por não ter dado valor ao que tinham quando ainda tinham essas coisas? Sua visão estoica vai ajudá-lo a investir nas coisas que você tem, evitando que um dia venha a constatar que deixou escapar os anos dourados. Isolar o presente é uma parte essencial do processo de manifestar amor à vida. Quando estiver junto a uma pessoa de quem você goste, concentre sua atenção nela, no momento que estão compartilhando. Não deixe que seus pensamentos fiquem perdidos em desejos ou temores do futuro. Ao mesmo tempo, não esqueça que tudo que você tem está emprestado. Um dia você vai devolver. O que torna o momento presente ainda mais importante. Por que ficar perdendo tempo com um futuro desconhecido, se podemos encontrar a felicidade no momento presente? Invista por completo no aqui e agora para que você não experimente um sentimento de perda quando as coisas mudarem, pois quando isso acontecer você não terá desperdiçado nem um pouco do tempo que tinha à sua disposição.

Para parafrasear Marco Aurélio, se você lida de maneira correta com os tempos difíceis, eles acabam se tornando bons tempos. Com isso em mente, pense em como os acontecimentos são indiferentes e como você pode estar sempre avançando.

- **O que "tempos difíceis" significam para um estoico?**
- **O que significa um "bom tempo" em nossa filosofia?**

- **Quais são as vantagens de adotar o modo estoico de encarar os acontecimentos?**

- **Como esse ponto de vista pode nos ajudar a levar uma vida harmoniosa?**

Verdadeiro ou Falso?

A visualização negativa visa prepará-lo para os duros desafios da vida. Na lista abaixo, decida se as afirmações sobre visualização negativa são verdadeiras ou falsas.

- **Você deve visualizar uma dificuldade como se isso estivesse acontecendo a você agora.** _____

- **A visualização negativa ajuda você a se preocupar com o problema agora, para que mais tarde você se preocupe menos com ele.** _____

- **A visualização negativa ajuda você a entender os indiferentes e que os acontecimentos não são, em si, bons nem maus.** _____

- **Você só deve visualizar desafios pequenos; eventos como separações, casas incendiadas ou mortes são grandes demais para darmos conta deles.** _____

- A visualização negativa pode ajudá-lo a perceber que a mudança é necessária, natural e deve ser esperada. _____

- A visualização negativa visa a transformá-lo em um pessimista. _____

- A visualização negativa pode ajudar a cultivar boas paixões e levá-lo a uma compreensão melhor do Amor Fati. _____

Chave de respostas p. 214.

REFLEXÃO

Muitos estoicos lembram de suas práticas em tempos difíceis, mas esquecem delas em tempos prósperos. Pense nas muitas práticas estoicas do passado e determine quais delas o ajudariam nos tempos mais felizes:

Que estados de espírito proporcionarão o cultivo de boas paixões e quais deles ajudarão você a manter essas boas paixões, mesmo quando surgirem novos desafios?

Felicidade Sustentada

Comecei este livro com uma citação de Marco Aurélio, "Pare de pensar sobre como uma boa pessoa deveria ser, seja uma delas". Você tem tudo o que precisa para se transformar na melhor versão de si próprio. Essa é a questão central do estoicismo: plantar em você a ideia de que a felicidade está ao nosso alcance – se soubermos como obtê-la. Quando decidir aplicar o estoicismo à sua vida, preste atenção em como isso irá afetá-lo. Você está desenvolvendo mais Sabedoria, Coragem, Moderação e Justiça em sua vida? Está encontrando mais momentos de Alegria? Sêneca nos diz o seguinte: "Nenhuma escola tem mais bondade e gentileza; nenhuma escola tem mais amor para com os seres humanos nem mais atenção ao bem comum. O objetivo que ela nos indica é o de sermos úteis, ajudar os outros e de cuidar não só de nós mesmos, mas de todos em geral e de cada um em particular". Você se imagina manifestando essas qualidades? Se sim, está em um caminho de harmonia e desenvolveu um bom fluxo de vida.

Uma das melhores maneiras para progredir no seu estudo da filosofia é tornar-se parte de uma comunidade estoica. A maneira mais acessível para fazê-lo é procurar fóruns estoicos *on-line*. Há grupos desse tipo em todas as principais redes sociais, e neles podemos obter orientação, pedir ajuda ou pelo menos conversar com outros que estão seguindo o mesmo caminho que nós. É também possível que existam grupos estoicos que promovam encontros presenciais na sua região. Um *site* chamado *The Stoic Fellowship* [A Irmandade Estoica] reúne detalhes de diversos encontros estoicos que acontecem em todo mundo. Traz também um guia com dicas úteis para quem deseja começar um grupo, caso não exista nenhum na sua região. Uma vez que grupos estoicos reúnem a mesma diversidade de pensamento que qualquer outro grupo de pessoas, pode ser necessário praticar nosso estoicismo para nos darmos bem com parceiros estoicos, pois é de grande utilidade contarmos com pessoas reais para conversar sobre nossa jornada.

> *"Não se sentir exasperado, derrotado ou desanimado por seus dias não serem repletos de ações sábias e morais. Mas levantar-se quando cair, comemorar por estar se comportando como um ser humano – ainda que de forma imperfeita – e abraçar integralmente a busca que iniciou."*
>
> – Marco Aurélio, *Meditações* 5:9

Pensando novamente sobre seus valores pessoais, o que vai motivá-lo a continuar após um fracasso? Que mudanças na sua vida serão seus maiores sinais de progresso? Entre os exercícios que você pode praticar, quais têm maior possibilidade de trazer esse progresso pessoal?

O estoicismo lhe concedeu ferramentas, mas é você quem vai usá-las para superar obstáculos e deixar vir à tona o que você tem de melhor. Você tem tudo o que precisa para levar uma vida próspera. Vá a luta e mostre sua capacidade de enfrentar desafios, de encontrar alegria e de usar sua singularidade para criar um mundo melhor.

RECURSOS

O Cânone

Temos poucos e preciosos escritos dos antigos estoicos, e vale muito a pena conhecê-los. A maioria desses textos teve muitas edições, traduções e adaptações. A beleza da era moderna é que muitos também estão disponíveis gratuitamente na internet.

Sugiro que você leia primeiro o *Enchiridion*. O *Enchiridion*, ou manual, é uma coleção de ditos de Epicteto compilados por um de seus alunos. É como um guia introdutório à filosofia estoica, embora não seja uma obra abrangente. O *Enchiridion* lhe dará muitas coisas em que pensar.

Procure, em seguida, uma edição de *Meditações*, de Marco Aurélio. Esse diário dá um vislumbre de como era a cabeça de um estoico praticante, e eu considero esse filósofo mais um companheiro que um professor. As *Meditações* não foram escritas com o propósito de serem publicadas, e você vai notar que a escrita é muitas vezes casual. A vida do imperador raramente seguia um tema; as coisas simplesmente aconteciam e Marco Aurélio escrevia sobre elas. Ainda assim, há muitas lições importantes para a vida nos dias de hoje nos seus 12 livros, apesar da distância entre nós e Marco Aurélio, tanto em termos de tempo quanto de posição social. Sugiro que comece sua leitura pelo livro 2. O livro 1 é mais árido, e não reflete o tom geral presente no diário como um todo.

Sêneca escreveu muito, e temos acesso a uma grande parte desses escritos. Sugiro que comece lendo as *Cartas de um Estoico*. Esse livro reúne 124 cartas escritas por ele no período do final da sua vida. Cobrem uma ampla gama de assuntos que chamam atenção para a visão estoica da vida, da morte e de uma série de tópicos situados entre essas duas.

Esses três livros manterão você ocupado por um bom tempo. Li as *Meditações* e o *Enchiridion* de forma regular durante uma década. Contudo, se você quiser ler outros escritos antigos, sugiro procurar as *Palestras e Provérbios* de Musônio Rufo, assim como os *Discursos* de Epicteto. Musônio foi professor de Epicteto e as poucas palavras que temos dele mostram o alcance da escola estoica. Os *Discursos* expandem as lições do *Enchiridion*. Você compreenderá muito melhor o pensamento por trás do estoicismo e como ele deve ser aplicado.

O *site Modern Stoicism* [Estoicismo Moderno] oferece artigos estoicos escritos a partir de uma grande variedade de perspectivas. É um recurso inestimável e um ótimo ponto de partida para quem busca penetrar no mundo dos seguidores estoicos de uma forma mais abrangente. Há também informações sobre a *Stoic Week* [Semana Estoica], um evento anual que proporciona uma excelente oportunidade para colocarmos em prática nossos conhecimentos.

REFERÊNCIAS

Aurelius, Marcus. *Meditations.* Traduzido por Gregory Hays. Londres: Phoenix, 2003.

Epictetus. *The Discourses of Epictetus; with the Enchiridion and Fragments.* Traduzido por George Long. Londres: George Bell and Sons, 1800.

Hadot, Pierre. *The Inner Citadel: The Meditations of Marcus Aurelius.* Cambridge: Harvard University Press, 1998.

Rufo, Musonius. *Lectures & Sayings.* Traduzido por Cynthia King. CreateSpace, 2011.

Seneca. *Letters from a Stoic.* Traduzido por Robin Campbell. Londres: Penguin Group, 1973.

Seneca. *Moral Essays Volume I.* Traduzido por John Basore. Cambridge: Harvard University Press, 1928.

Seneca. *Moral Essays Volume II.* Traduzido por John Basore. Cambridge: Harvard University Press, 1932.

ÍNDICE

A

Abrindo parênteses, **87-8, 89-90, 145-47**
Ação. *Ver* Disciplina de Ação; *virtudes específicas*
Aceitação, **21-3, 69-70**
Adiaphora, **60**
AEC (Antes da Era Comum), **25**
Alegria, **135-36**
Amigos, **172-76**
Amor fati, **70, 109, 154**
Amor, **167-69**
Angústia, **154**
Apetite, **151-52**
Aretê, **60**
Aristo, **48**
Arqueira, A, **105, 129**
Arriano, **52**

B

Banquete, metáfora do, **106-07**
Boa sorte, **196-97**
"Bom fluxo da vida", **23, 33, 96, 99, 125, 133, 142, 171, 188**

C

Caráter moral, **30**
Cartas de um Estoico (Sêneca), **204**
Catão, **163, 182-83**
Cícero, **50, 94**
Cinismo, **44, 56, 58**
Cláusula de reserva, **78-81, 129, 136**
Cleantes, **48-50**
Cognitivo-Comportamental, Terapia (CBT), **26**
Comunidade, **177-85, 200**
Consentimento. *Ver* Disciplina do Consentimento
Controle. *Ver* Dicotomia do Controle
Coragem, **38-9, 95, 100-02, 169**. *Ver também* Disciplina do Desejo
Crates, **44, 46**
Crisipo, **48, 50, 103**
Cuidado, **136-37, 168-69**

D

Definição Física, **146, 156**
Desejo, **136**
Desejo. *Ver* Disciplina do Desejo
Diárias, rotinas, **191**
Dicotomia do Controle, **32, 35, 122-25, 129, 145**
  assumindo responsabilidade, **129-31**
  e relacionamentos, **174-75**
  "foi devolvido", **127**
  "isso nada significa para mim", **126**
  você decide, **125-26**
Diógenes de Sinope, **56-7, 183**
Diógenes Laércio, **27, 43, 45-6, 50**
Disciplina da Ação, **37, 66, 76-8, 136, 145, 166**. *Ver também* Justiça
  cláusula de reserva, **78-81**
  duas alças, **82**
  duas missões, **81-2**
  e a Dicotomia do Controle, **28**
  e relacionamentos, **176**
  meditação matinal, **83-4**
Disciplina do Consentimento, **37, 66, 84-7, 134-35, 146**. *Ver também* Sabedoria
  abrindo parênteses, **87-8**
  e a Dicotomia do Controle, **124**
  e relacionamentos, **174-75**
  isolando a si mesmo, **88-9**
  "você é apenas uma aparência," **87**
Disciplina do Desejo, **36, 66, 67-71, 90, 145**. *Ver também* Coragem; Moderação
  e a Dicotomia do Controle, **124**
  e relacionamentos, **174-75**
  fazendo uma pausa e comparando, **73-4**
  isolando o presente, **71-2, 75**
  oportunidade infinita, **72**
  visão de cima, **74-5**
Disciplinas, **36, 66-8, 91-2**
Discursos (Arriano), **52, 204-05**

E

"É o que eles acham", **171-72**
EC (Era Comum), **25**
Emoções negativas **31, 59, 149-50**
Enchiridion (Arriano), **52**
Enchiridion (Epicteto), **121-22, 203-05**
Epicteto, **24, 28, 29-30, 36, 52, 56, 68, 73, 77, 82, 84, 87, 92, 99-100, 104, 107, 121-23, 134, 138, 155, 163, 166, 170-71, 173-74, 176, 178, 180, 183, 192, 195-96, 203-04**
Estobeu, **45**
estoicismo moderno, **205**
Estoicismo
  benefícios do, **19-20, 33-4, 40**

comunidades de, **201**
cronologia de pensadores, **41**
mitos e equívocos sobre o, **21-3**
moderno, **25-9**
origens do, **23-5, 44**
razões para o, **31-2**
sobre o, **20-1**
Estoicos gregos, **24, 41, 44-50**
Eudaimonia, **31, 59**
Eupatheia, **59-60**

F

Falhas, **170-71**
Família, **172-76**
Fazendo uma pausa e comparando, **73-4**
Felicidade, **200-02**
Festival, Atitude de, **32, 154-55, 190**
Filantropia, **167**
"Foi devolvido", **127, 146, 189**
Fortuna (deusa), **120-21, 184**

H

Hadot, Pierre, **94**
Hiérocles, **167**
"Hino a Zeus" (Cleantes), **48-49**

I

Ignorância, **168**
Inclusividade, **28-9**

Indiferentes, **110-12, 122, 127, 146, 151, 162**
Irmandade Estoica, A, **201**
Isolando a si mesmo, **88-9, 126-27**
Isolando o presente, **71-2, 75, 126-27, 158, 197**
"Isso nada significa para mim", **126-27, 146, 194**

J

Juízos de valor, **100, 122, 135, 142**
Justiça, **38-9, 95, 103-05, 129-30**. *Ver também* Disciplina da Ação

M

Mantras, **193-94**
Marco Aurélio, **19, 24, 29, 36, 52-3, 65, 67, 71, 75, 76, 79, 80, 83, 91, 103, 125, 133, 138, 154, 156-57, 165, 168-69, 178-79, 181, 187-88, 190, 194-95, 200, 201, 203-04**
Meditação matinal, **83-4, 90, 165-66, 179**
Meditações (Marco Aurélio), **53, 190, 203-04**
Medo, **150-51**
Megarianos, **44**
Memorização, **189-90**
Metáfora da maturidade, **94**
Metáfora das duas alças, **82**

Moderação, **38-9**, **95**, **106-08**. *Ver também* Disciplina do Desejo
Momentos insuportáveis, **157-58**
Moralidade, **103**. *Ver também* Justiça
Mortalidade, **163-64**
Morte, **163-64**
Mulheres, **29**
Musônio Rufo, **34, 51, 188-89, 204**

N

Nietzsche, **70**

O

Oikéiosis, **60, 167**
Oportunidade infinita, **72, 80-2, 90, 129**

P

Paixões, **135, 148, 149-50**
Palestras e Provérbios (Musônio Rufo), **204**
Panteísmo, **26-7**
Passividade, **22**
Pathos, **59**
Pensamentos negativos, **141-43**
Pensamentos positivos, **120-21, 132-34**
Pitágoras, **54-5**
Platão, **44, 96, 105**
Platonismo, **44**
Plotino, **93**
Polemon, **44**
Prática das duas missões, **81-2, 90, 129, 147, 179-80**
Prazer, **152-53**
Premeditação de desafios, **102, 129, 159-60**
Princípios, **114**
Privação, **161-63**
Prosoche, **59**
Prudência. *Ver* Sabedoria

R

Registrando em diário, **191**
Relacionamentos, **166-70**
    amigos e família, **172-76**
    comunidade, **177-85**
    trato de outros, **166-70**
República, A (Zenão), **45-7**
Resiliência emocional, **21, 66-7, 140-41, 143-50**
Responsabilidade, assumindo, **129-32**
Revisão Noturna, **32**
Romanos, estoicos, **24, 41, 50-3**

S

Sabedoria, **38-9, 89, 94, 96-100, 169**. *Ver também* Disciplina do Consentimento
Sábio, O, **144-45**

Sêneca, **24, 25, 51, 70, 102, 109, 113, 119-20, 127, 138-38, 139, 143-44, 145, 148-49, 159, 172, 177, 184, 200, 204**
"Sobre a Ira" (Sêneca), **145**
Sócrates, **44, 55-6, 163, 183**
Stoa, **23-4, 47**
Stoic Week (Semana Estoica), **28, 205**
Stoicon, **28**

T

"Tábua de Cebes, A", **120**

V

Virtudes, **20-1, 38-9, 93-6, 109-10, 114, 182-84**. *Ver também específicas*
Visão de cima, **74, 193-96**
Visualização negativa, **158-61, 198-99**
Você é apenas uma aparência", **87, 90, 146, 189, 194**

X

Xenócrates, **44**

Z

Zenão, **23, 43-8**

Zeus, **26-7**

AGRADECIMENTOS

Meu estoicismo foi moldado por um grande número de pessoas – algumas delas eu conheci pessoalmente, e muitas só me influenciaram de longe. Tenho uma dívida especial com a *Modern Stoicism*. O *site* dessa organização e os livros editados por ela têm proporcionado a difusão de uma grande variedade de pontos de vista de outros estoicos modernos. Também sou grato a Patrick Ussher e a Gregory Sadler pelo convite para que eu publicasse no *site* da *Modern Stoicism*. Muitos dos membros da equipe deles, em particular Donald Robertson, Chris Gill, John Sellars e Massimo Pigliucci, influenciaram minha compreensão e minha prática.

Mark Johnston e Greg Milner me ajudaram a começar a abordar o tema no *podcast Painted Porch*. O grupo *Stoics in Action* e a página do Facebook a eles associada, *Stoics for Justice*, mantiveram minha esperança quanto ao avanço da nossa filosofia no mundo moderno. Os muitos ouvintes de meu *podcast*, *Good Fortune*, seguem fazendo perguntas difíceis e me mantendo sincero.

Também adoro meu bairro, Montavilla. Sem a Townshend's Teahouse, o Bipartisan Cafe e o Beer Bunker este livro não teria sido escrito.

RESPOSTAS

Página 54: C, F, D, B, A, E

Página 176: C, D, B, A

Página 199: Verdadeiro, Falso, Verdadeiro, Falso, Verdadeiro, Falso, Verdadeiro